サボテンのおなら

小林聡美・文　平野恵理子・絵

幻冬舎文庫

サボテンのおなら

contents

写真/小林聡美 加藤 孝

メヒコの犬ってサァ…

路地に、店先に、公園に、いたるところに犬がいる。

誰にも属さず、好き勝手やっているのがなかなかカッコイイ。

いろんな町にいろんな犬がいたけれど、土地柄か、カボ・サン・ルーカスの犬たちは、妙にひとなつこくてたまらん可愛さだった。

町のスーパーマーケットで買い物をしてでてくると、どこからともなく二匹の犬がやってきて、私たちがぷらぷら散歩する間じゅう、ずっと後をついてきていた。食べ物目あてでもなさそうだし、遊んでほしくもなさそうだ。

ただ一緒にぷらぷら散歩するだけ。

さすがにタクシー乗り場までついてきた時は、一緒にタクシーに乗り込んできたらどうしよう、と思ったけれど、ヤツらは、私たちが乗り込むと、おとなしくそこに座り込み、私たちの乗っ

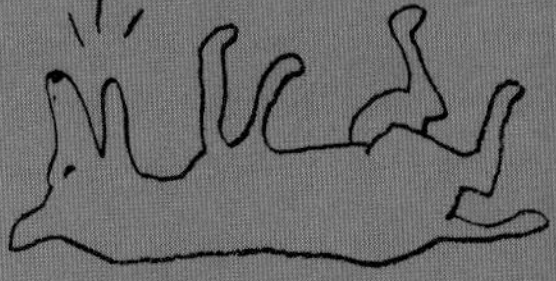

た車をいつまでも見送っていた。

ホテルの裏の荒涼とした浜辺を散歩している時も、これまたどこからともなく犬が一匹やってきた（ヤツらはいつも、どこからともなくやってくる！）。すると、反対側からもう一匹。そしてまた一匹。

見ると、皆、個性的である。

ちびっこい犬は、体に似合わず巨乳である。

白くてでかいのは妙に貧乏ったらしい。

そして最後の一匹は片目だった。

私たちはその三匹と共に、しばらく砂浜に座り込んで海を眺めながら、なごみのひとときを過ごしたのだった。

どこへ行っても、犬が人間と同じように、その辺で普通に暮らしている様が、とても印象的だった。

メキシコの犬は幸せだ。

メヒコの犬ときたら、まるで猫のようである。眠りたいときに眠って、遊びたいときに遊ぶ。たいていは道の隅っこの日かげを陣どって昼寝というか、ゴロ寝をしている。

「ようっ、元気?」

と私が寄っていっても、はじめは

「えっ? ナニ? あんた誰? なんか食べるもんありまっか」

と横たわったまま好奇のまなざしでこっちを見上げはするものの、ありがたいものが何もないとわかると、

「はい、どーもね」

と、あっさりゴロ寝に戻るのである。ひとに決して媚びることのない、オトナの犬なのだ。

犬はのびをする時、
前脚やったら、
必ずその後
後脚ものばすのヨネ。

インディオの末裔だという
家へよった時、
そのおうちにいた犬たち。

私が座ってると、
一緒にずっと座ってた。
おとなしい犬。
カボサンルーカスの
ビーチにて。

一体どうやったら、こんな顔で、こんなからだつきの犬ができるんだっと感心するくらい、見たことのない個性的なヤツばかり。

ひとことで〝雑種〟とかたづけてしまうには、あまりにももったいない面白さだ。

日本では〝野良犬〟というジャンルの犬がいなくなってしまって、図鑑にでてそうなのしか見かけることができないのがつまらないところである。流行《はやり》というのもあるらしいから…。

ニューヨークや、パリで見かける、お行儀がよくてゴージャスな犬もたまらない可愛さだけれど、どこでどうなってこの世にでてきたかわからない、気ままでぐうたらなメヒコの犬だって、なかなかどうしてイカスのだ。

オアハカでしか見かけなかったのが、ブリキの飾りもの屋さんです。

一体これらは何に使うのでしょうか。お祭りや、お祝いごと？　それともただの飾り？　とにかく、どれも七夕の笹の葉に結びたくなるようなキュートなものばかりです（しかし実際にやったら笹は折れる…）。うー、どれも欲しいっ。

私が買おうと決めたサボテンは、思いがけないデカさでした。全長40センチ、奥行き15センチ。店の壁に吊るされている時は平面だと思ったのに、見せてもらったらそれは、キャンドルスタンドだったのです。重くはないけれど、この形…。どうやって持って帰る？

ま、なんとかなるでしょ、と思いきって買ってしまったけれど、これは結局旅の最後まで私を手こずらせたモノでした。それで日本で包みを開けてみたら、ブッ壊れているわけです。うっ、悲しい…。

なにを置いても、トリオだろう。
もう、トリオのいないメキシコは
あんこのないたい焼といっしょだ。
一度トリオにハートをつかまれたら、もうトリオのトリコ。

音楽はトリオのトリコ

マリアッチは残念ながら一度、グアダラハラで
日曜コンサートみたいなのを聞いたっきり。
それはなんだか面白くなくて（なんか一所懸命やってない）、
私はだんぜんトリオ派です。なごむ。

ドミンゴ教会
おかしやさん
ホテルプレシデンテ
教会
とにかく教会がイッパイ!!
ソカロ
オープンのカフェ
市庁舎
市場

私の歩いた街 オアハカ

Oaxaca

「オアハカに住め」といわれたら、
半年くらいなら住んでいいかもしれない（鴨せいろそばがないからな）。
都会やリゾートにはない時間が、そこにはゆっくりと流れている。
昔ながらのコロニアルな町並み。
道ゆくインディオ。
元気に駆けまわる犬たち。
夜になれば、トリオのつま弾くギターと歌声に酔いしれ、
イモムシのはいっている酒でも酔いしれ、
更に、どうにも止まらない民族舞踊ショウで
ぐるぐるに酔いまくるのであった（誰かやつらを止めろ！）。

町は元気いっぱいだ。
人たちもみんな優しい。
泥棒もちかんもいない。
オアハカこそ、昔から思い描いていた
メキシコのイメージぴったりの町である。
鴨せいろそばがあれば、
一年くらいなら住んでもいい。

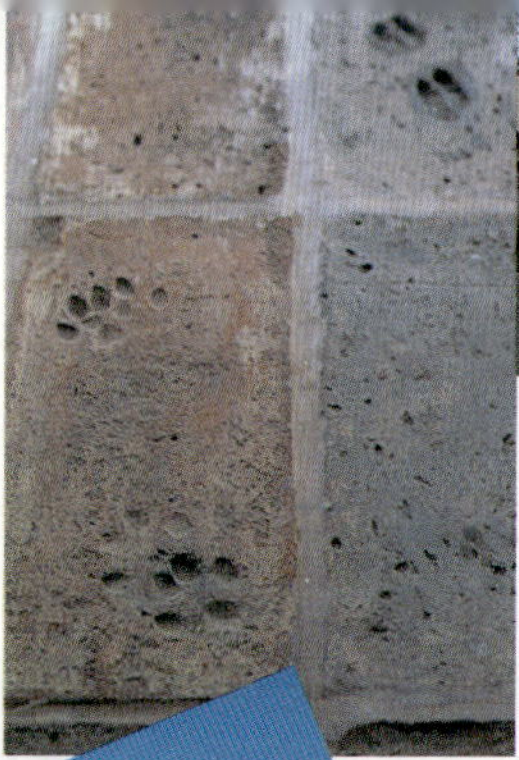

ホテルの廊下の素焼きタイル。鳥や犬の足跡がたまらん可愛さ。

郊外の陶器屋さんの壁。

遺跡でヘラヘラ。

ホテルの真ん前の文房具屋さん。

これらは本物か!?　激しい色のお菓子。ベロは真っ赤っかですね。絶対。

楽しいディスプレイ。でも一体何屋?

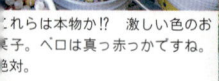

市場にて。おじさん、売る気ありますか？　つっ立ってないで、ちゃんと店、広げましょうよ。

ある日のお昼を食べたレストラン
あった、トイレの案内板。

ソカロ（中央広場）で座り込む人々。労働運動か。それにしても、のぼりがかわいい。

私の部屋から見た道路。意外と車がよく通っていました。

ダイナミック！　おばさんが、あき竹城に似ています。

パンツの標本状態。なかなか斬新なディスプレイ。おばさん、どれにする？

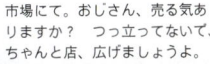

聖ドミンゴ教会内部。大好きな場所。
おちゃらけた私も、思わず神妙になります。荘厳。絢爛。

この踊りが もう どうにも 止まらんのす……

トホホ

NOTARIA
PUBLICA
No 24

302
La Casa de la Abuela

古い建物にペイントして、カラフルな
町並み。てくてく歩くと、いろんな顔
のオアハカに出会えます。なごめます。

負けるもんかの

メキシカンフーズ

食べものといえば、なんといってもメキシコチックなものが一番盛りあがるだろう。

　私にとって、衝撃的だった食べものは、まずフリホーレスだった。

　これは、まさに、塩あじのあんこである。

オムレツの脇に、肉や魚のつけあわせに、果てにはビールのおつまみにと、全面的バリバリの大活躍である。

　口の中でひろがる味と香りは、十勝の上質なあずきとなんら変わりはない。和菓子好きの私には、なぜか日本への郷愁に駆られる一品であった。

　そして、ショコラテ。

名のとおり、チョコレート関係。飲みものである。

おフランスで飲むショコラとも違うし、アメリカのホットチョコレートとも違う。もちろん強い子のミロともファミリーナとも違う。

あやしいコクである。原形もあやしい。

丸くて石のような固まりのものや、板チョコ状のもの、スティック状のもの、ペースト状のもの、様々である。

　牛乳のはいったでかい鍋を火にかけ、これをぶち込み、肩たたきの棒のようなすごいかきまわし棒で、グリングリンとかきまわす。

　これを、朝ごはんの時、メロンパンもどきや源氏パイもどき（ルーツを見たり！）と一緒にいただく（伝統的な専用カップがある）のがおつである。これも大好き。

　サボテンを食べたのも初めてだった。

　きっとあれは、軽くゆでてあったのだと思う。それをチョンチョンと刻み、他の生野菜とサックリまぜて、サボテンサラダのできあがり。

　皮がプリッとして中が少し粘っこくて、オクラのような、なにかの海草のような、とにかくヘルシーといったかんじ。聞くところによると、なんでも胃にとても良いらしい。

　メキシコ料理の中では珍しくサッパリした一品であった。旨かった。

　これらは、かなり正統派の食べものだ。

　ジャンキーなものといえば、道端で売っているひまわりの種とゴマのロカとか、キャラメルおこし（雷おこしのバリエーション）、市場で売ってたココナッカップにはいったあやしすぎる飲みものなど数限りない。

　なにごとも挑戦とはいえ、そういうものを食べる時は、それなりの覚悟と、ロモティルをお忘れなく。

ショコラテ
これがおいしかった。

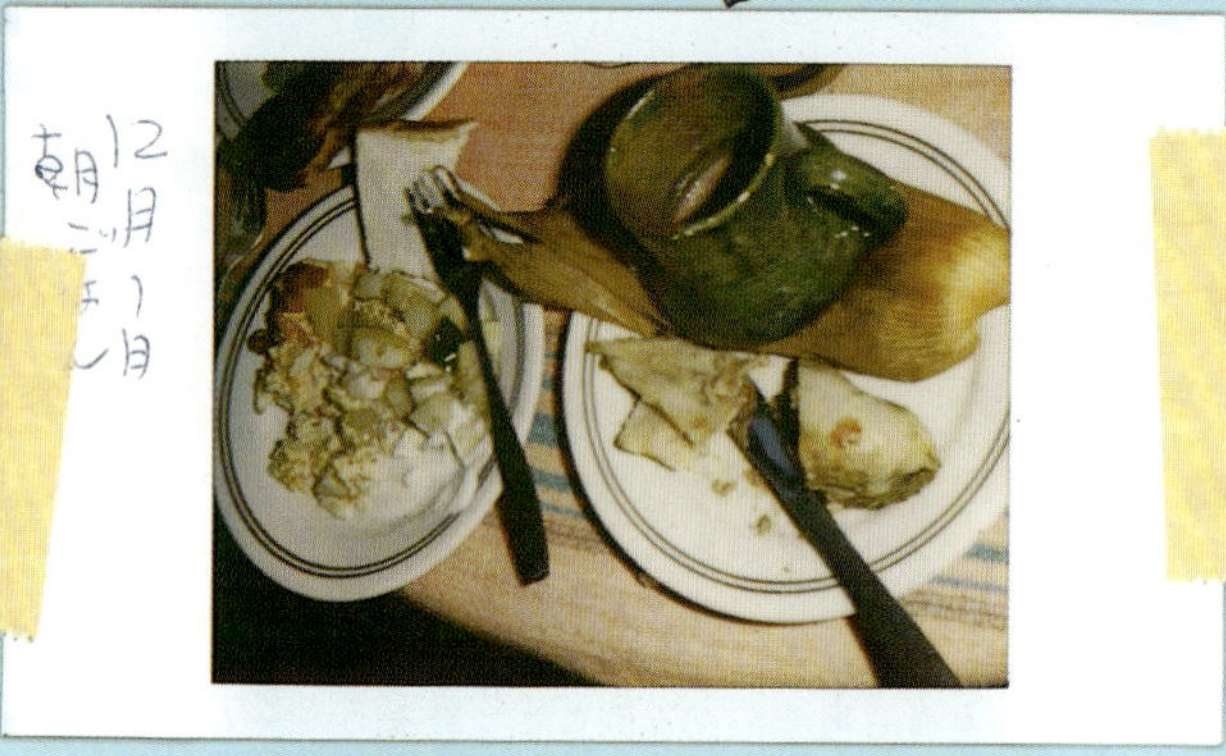

12月2日。
オアハカの朝ごはん

スクランブルドエッグと
パン。
＋エンチラーダ

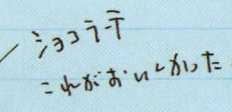

ぜーんぶ タマゴの白身を泡立てた
「メレンゲ」

形はちがっても、味はみんな一緒。

皮は ぎょうざの皮を揚げたみたいなもの

＊ 運転手のホルヘは、
これを3つも食べた!! ヒョエ〜〜

お昼ごはんに食べた。
トルタ（トウモロコシを練って焼いたもの）

このカラ〜〜イチリをのせて、
たべるのだ。

トルティアの上にのってるのは、
カッテージチーズのようなもの。ウマイ!!

日本の大正エビよりちょっと大きなエビ。

↑かかっているのは辛〜い タレ。

下にはごはんとサラダ。

このエビのベーコン巻きは、
バーベキューしてある。

12/5 グァダラハラ昼食
えびのベーコン巻き

ごはんはポロポロのお米。
サラダのつけあわせは辛いヤツ。
うまかったヨ♡

ゴヨがすすめてくれたカニ。

ワタリガニより大きいけど、ケガニではない。

ゆでただけで、タンパクで味ヨロシ。

ミソより肉を食べます。

ドーナツがある幸せ

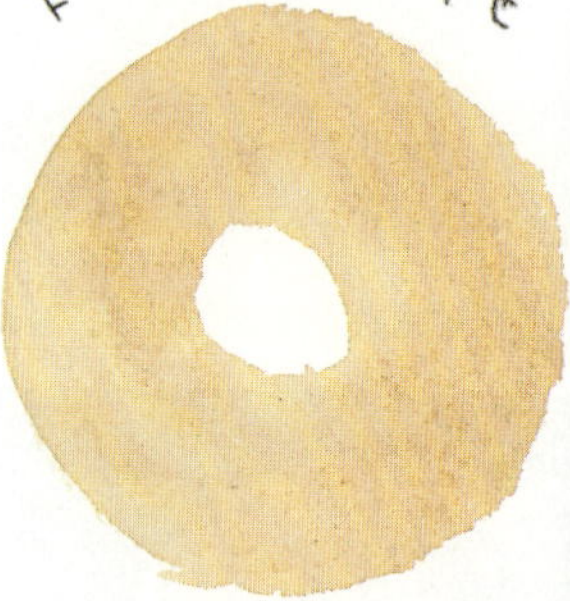

生きていけそうな

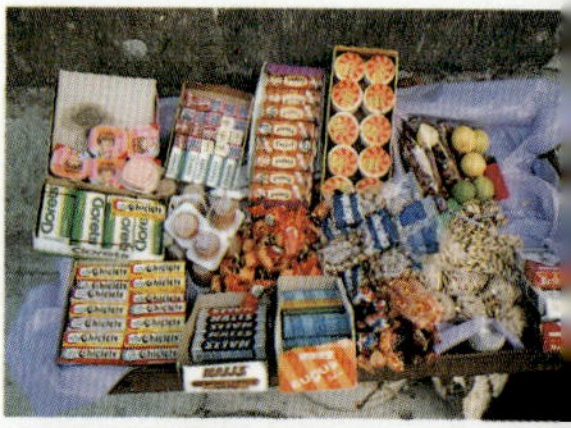

ジャンキーなお菓子たち。

ガイコツまでお菓子に！　お祭り用とか。

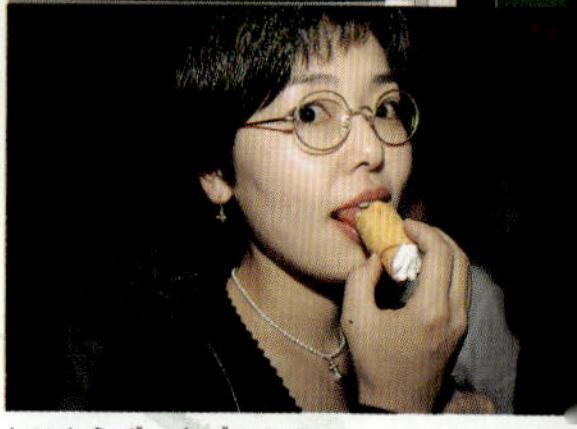

とりあえず、食べてみる。

お菓子の屋台も…

オアハカで山程かった ショコラテ。イカす パッケージでショ？

こういう 専用の道具がアル 木製ヨ。

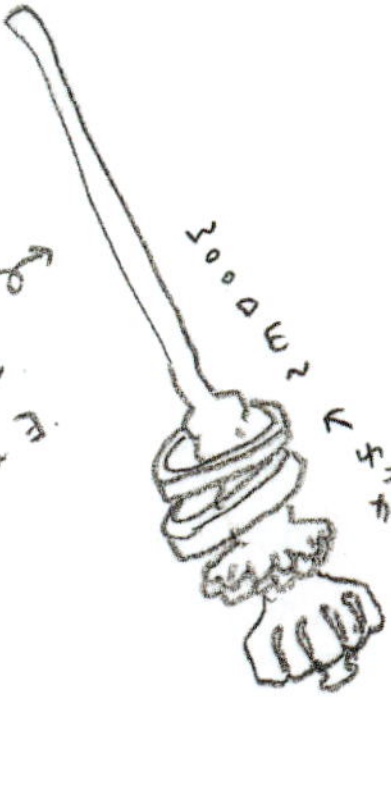

中味は こういうかたまりが、ドーンと一枚はいっている。これをポキッと一本折って ミルクとまぜまぜ。

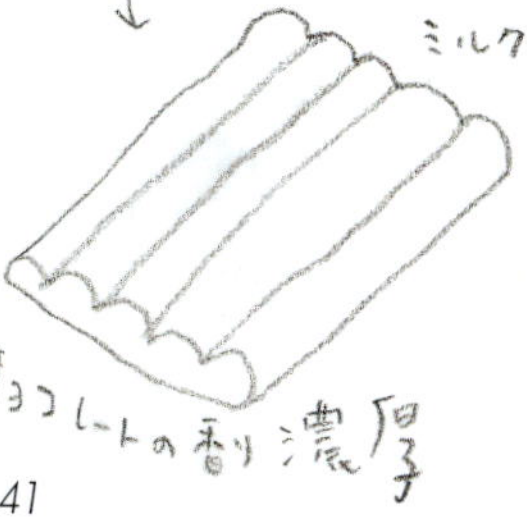

yum!

チョコレートの香り濃厚

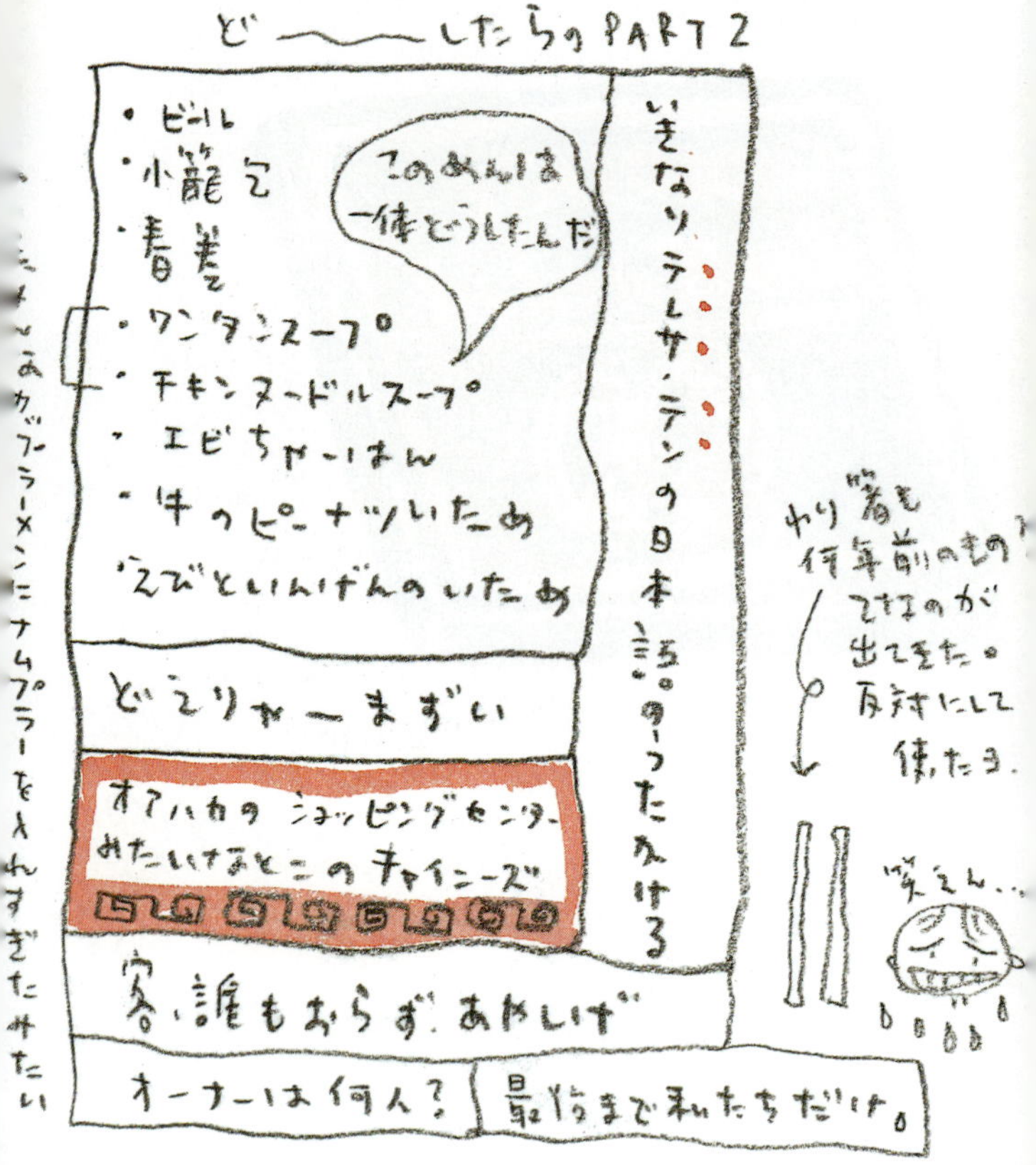
ど〜〜〜したらのPART 2
・ビール
・小籠包
・春巻
・ワンタンスープ
・チキンヌードルスープ
・エビちゃーはん
・牛のピーナツいため
・えびといんげんのいため
このめんは一体どうしたんだ
いきなりテレサ・テンの日本語。ターったなける
どえりゃーまずい
オアハカのショッピングセンターみたいなとこのチャイニーズ
客、誰もおらず。あやしげ
オーナーは何人?
最後まで私たちだけ。
わり箸も何年前のもの?ってなのが出てきた。反対にして使ったよ。
笑えん…
めとあカップラーメンにナムプラーを入れすぎたみたい

パンです。形は変だけど、どれも旨い。

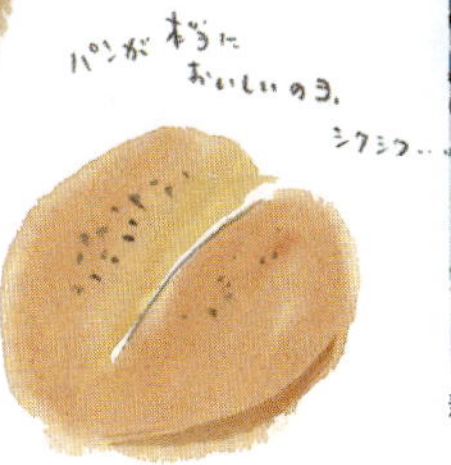

悲しみの中華料理…。たすけてー。

メキシコ料理に飽きたからといって、中華や和食へ逃げようなんて、そんな甘い考えを持ってはいけません。

そもそも、どこをどうやっても、メキシコ料理の魔の手からは逃れることはできないのであります。アメリカンブレックファストとメニューにあったって、それは、どこまでもメキシコ風アメリカンブレックファストなのですから。

それならば、真っ向から挑んでやろうじゃありませんか。

この際、氷や水にあたろうが、あとはロモティルの世話になることにして、とりあえず勢いでなんでも食べてみることにします。へっちゃら、へっちゃら。

どんなに気どったレストラン（そんなのあったか？）でも、出されるものは、かあちゃんの料理みたいのばかり。

おっかながることはありません。

メキシコ料理には負けられませんぜ。

排気ガスと タクシーと 飛行機と

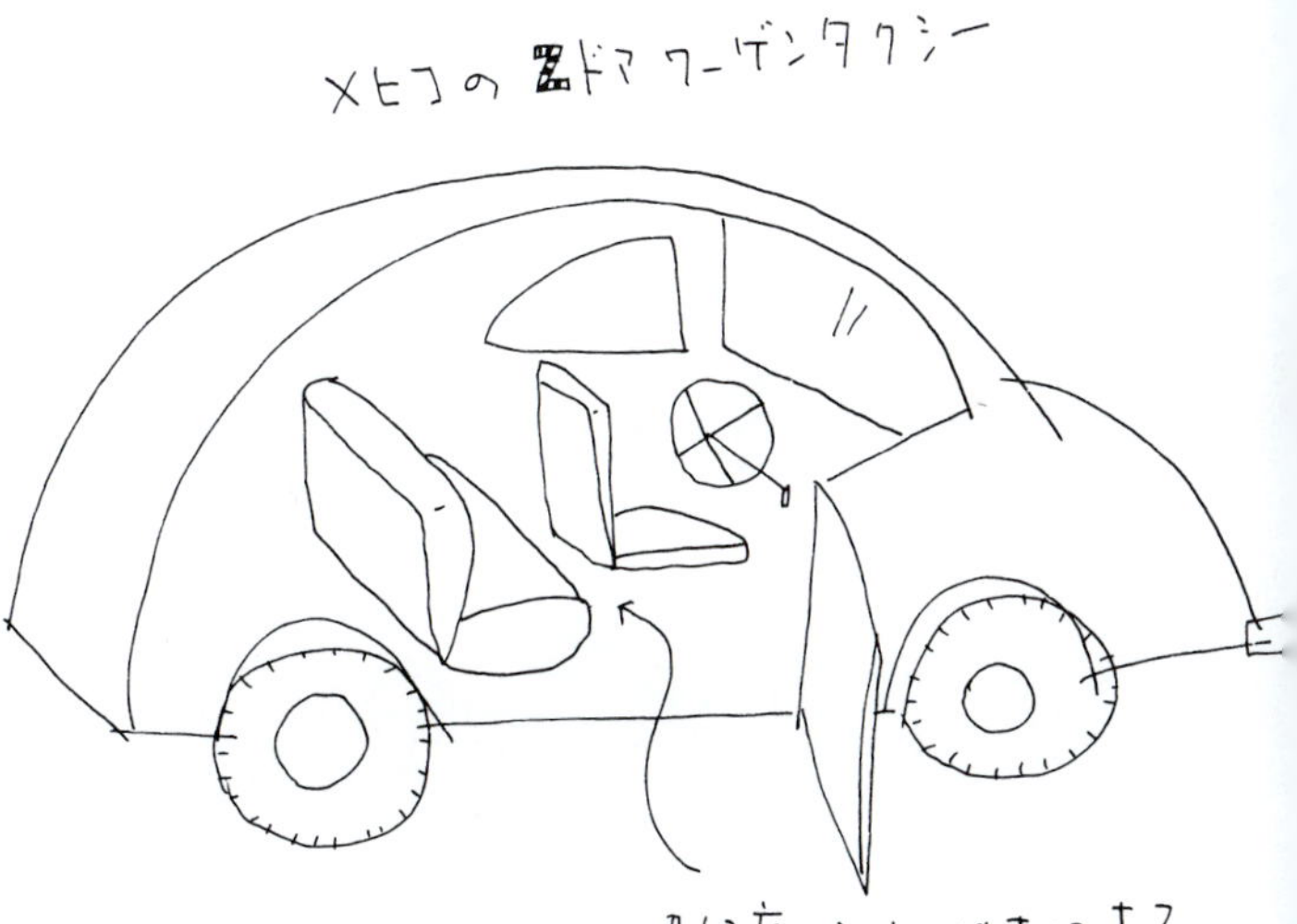
助手席のシートがはずしてある

町から町へは、飛行機に乗ります。

なんといってもメキシコという国は、日本の五倍の広さなのです。そして、行き先によって乗客の顔が変わってくるのが、面白いところであります。メキシコシティやグアダラハラといった大都会へは、様々な人種が乗り合わせていますが、オアハカへ向かう機内は、都会で電化製品を買い込んだらしいインディオたち一色です。みんな、ソニーやパナソニックの箱をかかえてうれしそうでした。

さて、陸といえばタクシーです。

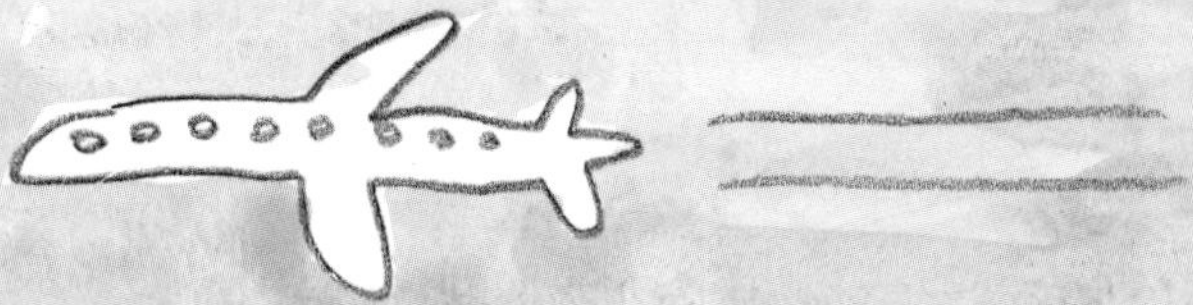

メキシコシティのビートルキャブは、謎の3人乗り。2ドアということで、客の乗り降りを考えてのことか、助手席がズコッともぎ取られているわけです。なかなか斬新で気がきいています。乗る前には料金の交渉をお忘れなく。ボられないように頑張って下さい。

それともうひとつ。排気ガスに興味のあるひとは是非、メキシコシティを訪れていただきたい。きっと満足していただけます。ゲホ。

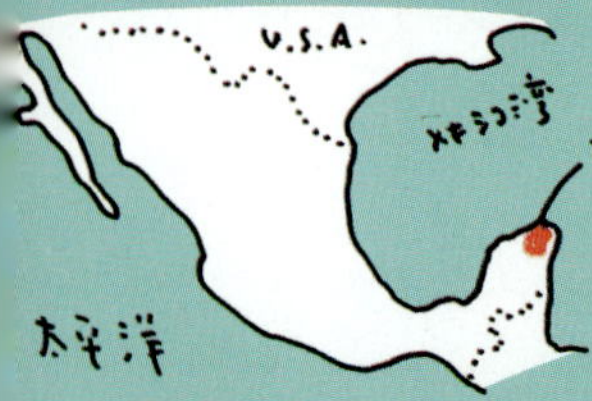

お気楽リゾート・ナンバー1である。
何も考えず、何もしない。
ほっといても海は驚異的に美しいし、ガイジンたちは、
狂ったようにその肌をジリジリと焼きまくっている。
プールサイドでは情熱のビンゴ大会。
海ではパラセイリング。
浜を仲よく駆け抜けるのは、ゲイの恋人たち。
そして、フローズン・パイナップルダイキリを氷抜きで飲む私（それはただのダイキリだっ）。
どこまでも続くアメリカチェーンの
ホテル群をぼんやり眺めていると、
徐々に睡魔が意識を蝕んでゆくのがおぼろ気にわかる。
膝から落ちた本を拾おうともせず、
心地良い風に吹かれて、
そのまま夢の世界へ落ちてゆきそうだ。
それにしても、ここがメキシコだなんて、
誰が思うか。
味気ないほどにあか抜けている、
メキシカンリゾートである。

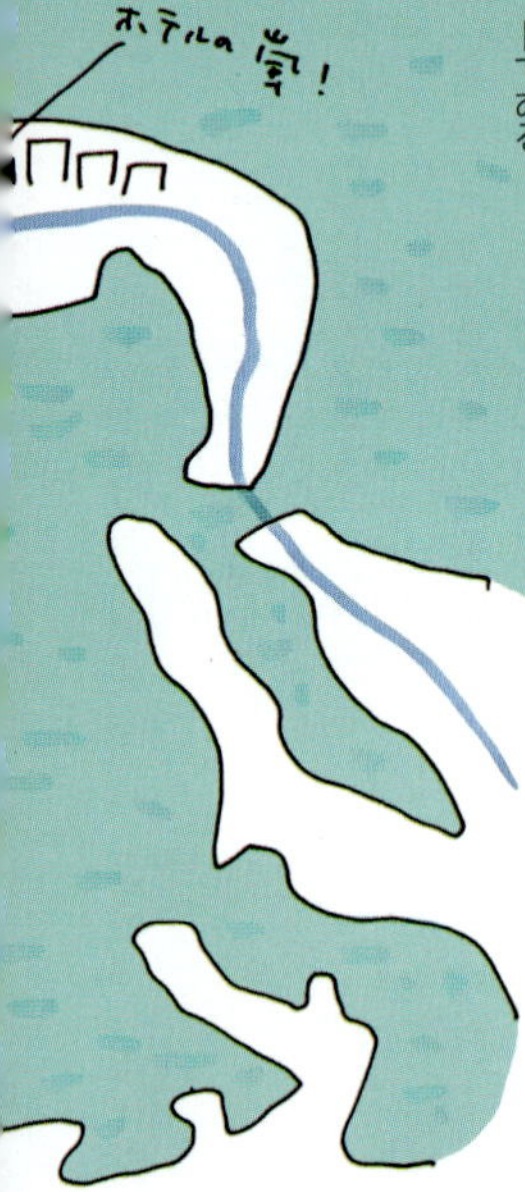

私の歩いた街 カンクン

Cancún

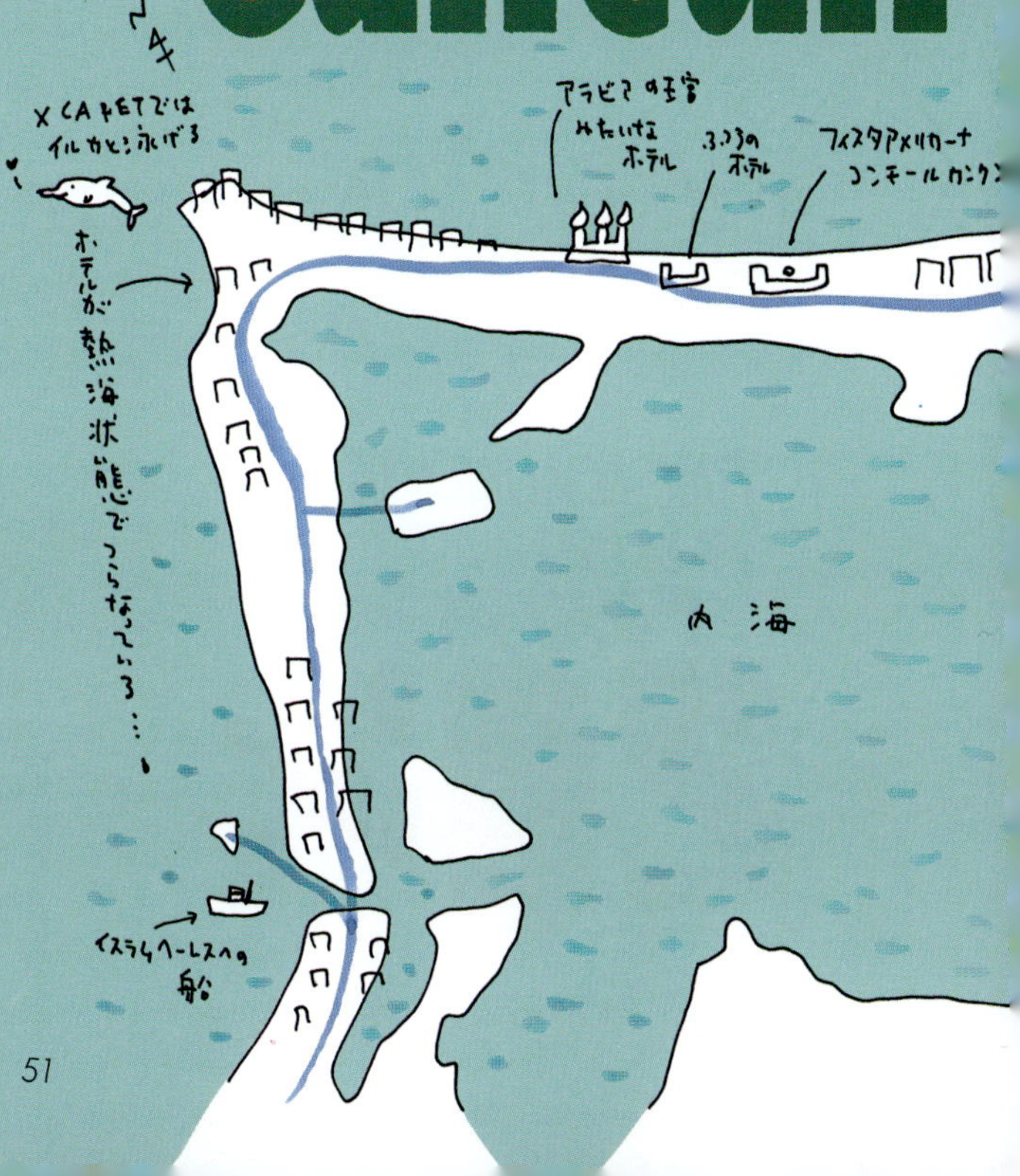

カンクンのスーパーマーケットの
店先にいた牛
実物大でアル。
←後ろすがた
リアルでショ?

TODO EL ALIMENTO
PARA MASCOTAS
PURINA
20%
de Descuento

なんぞが20%オフである。
ということだけはわかる。カンクンのスーパーマーケットにて

メキシコ式
給油法
(ガソリンスタンドのカンケン)

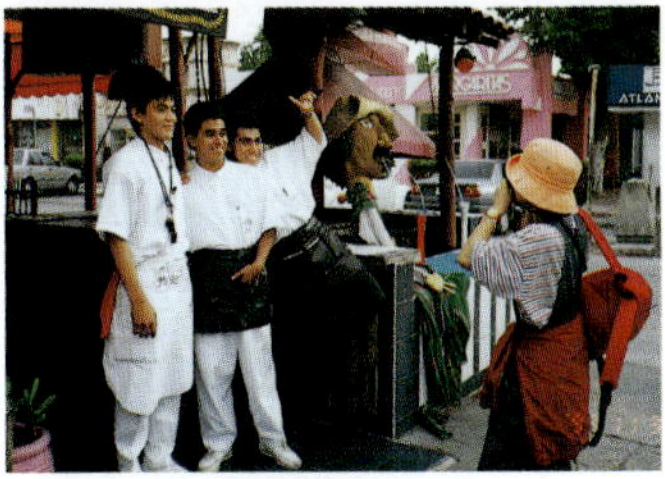

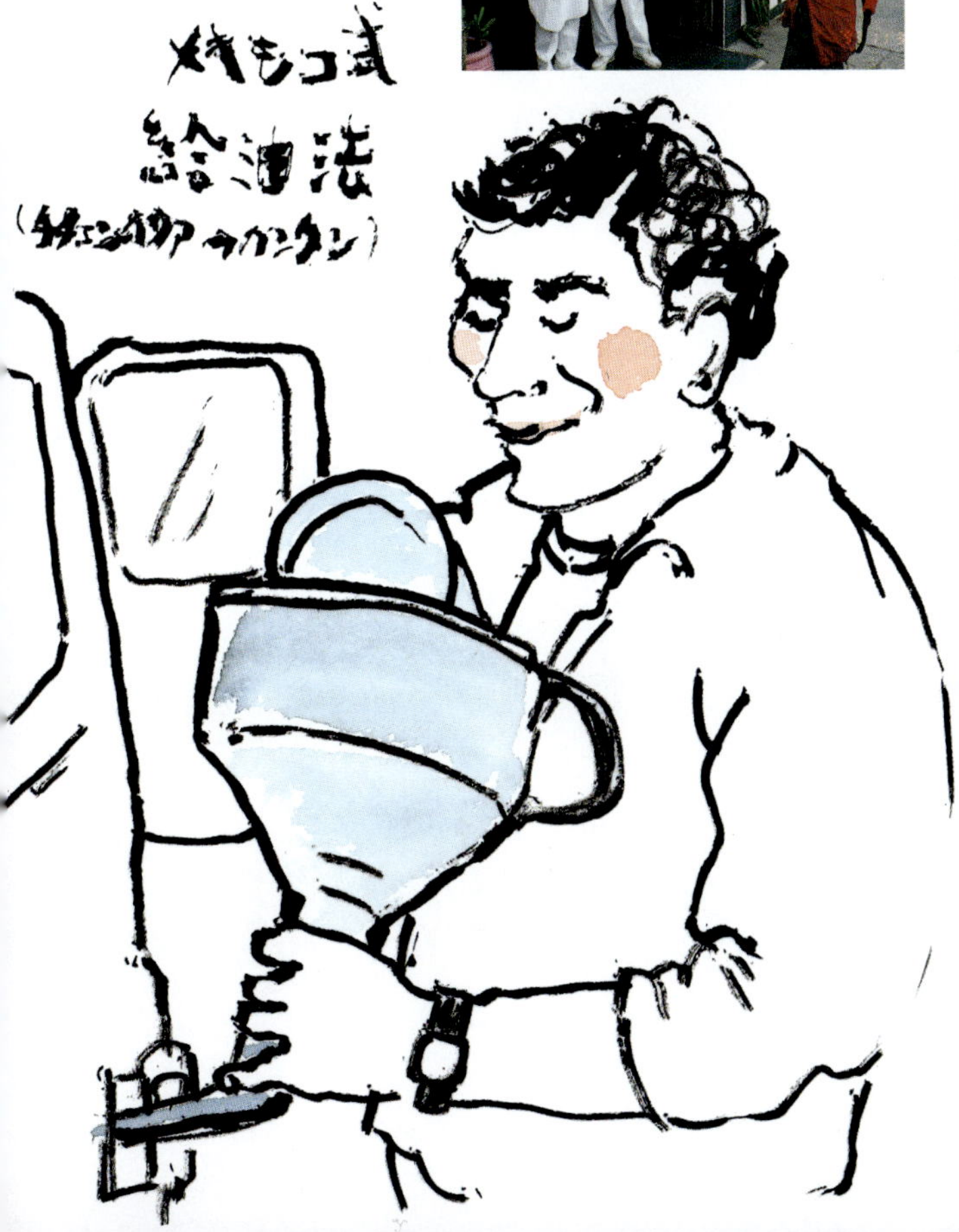

青空と遺跡

ピラミッド頂上からのスナップ。心臓は破裂しそうだし、足はすくむし…。

チチェンイッァはユカタン半島にある。ユカタン半島…。
世界史の授業でこの名前がでてくるたびに、
ピンポンパンのカータンの姿が頭に浮かんだものである。
そして、まさか自分がその地を踏むことになるなんて
当時居眠りをかましていた私に想像できたであろうか。
長生きはするもんだ。
遠い古代の時間がそのまま止まってしまったような、
広大な遺跡に足を踏み入れると、
そこに暮らしていたマヤ人たちの息吹と、
授業で熱弁をふるっていた猿渡先生の声が頭の中でぐるぐる渦巻いて、
目の前がくらくらする。先生は声がでかかったな…。
それにしても、ここの空は美しい。
私の一番好きな空だ。
青いだけの空でなく、ちゃんと、もくもくと雲がわいて、
それが風に吹かれて西から東へ流されてゆく。
きっと、これはその昔、マヤ人が見たのと同じ空に違いない。
遺跡よりも、何よりも、チチェンイッァの空こそ、
「マイ・ブルー・ヘブン」である。

遺跡には、もともと興味なし。

かるく観光するにはいいでしょう。

しかし時間を選ばないと、芝生の照り返しで死にそうです。注意。

それにしても、生贄の心臓が置かれた台

というのはナマっぽくて、恐ろしい。

なんだか、全体がそういうイメージだから、あまり行きたくないのかな。

私はおみやげを買わない女で有名です。

というよりも、自分の欲しいものばかりに目がいって、気がつくとひとに差し上げられないガラクタばかり買ってしまっているというわけです。

この妙ちくりんな鏡もそのひとつ。まるで『小学三年生』の付録にありそうな、ちゃっちいつくりこの上ナシ。

このお嬢さん、実にいろんな衣裳をまとっています。ショールを被っていたり、三つ編みのチロリアン風だったり、花嫁さん風ドレスだったり。

そして、そのどれもが観音開きでガバッとはだけるのが楽しい。なんか、トレンチコートの怪しいおじさんみたいで笑っちゃうのは私だけでしょうか。スンマセン。

オアハカで買った
かわり鏡。
蝶つがいはナント
バンソーコみたいな
テープよ。
高さ23cm
open

海が好きだ!

カンクンの海は、
まさにリゾートの海といった、気どったやつ。
透明度は高く、波も比較的穏やか。
一方、カボの海は、容赦ない荒くれ者。
いきなリズゴンと深くなり、
波の動きも予想がつかない。
アシカや、大きい海鳥たちがいるのもワイルド。
岩の個性的な存在もおもしろい。
のんびり気どったリゾートをするか、
ワイルドでアドベンチャラスな
リゾートをするかで選択するのがいいでしょう。

リゾートの海、
そのもののカンクン。
ブギ・ボード、
やってみたけド、
これまた
波強

San Lucas

私の歩いた街
カボサンルーカス

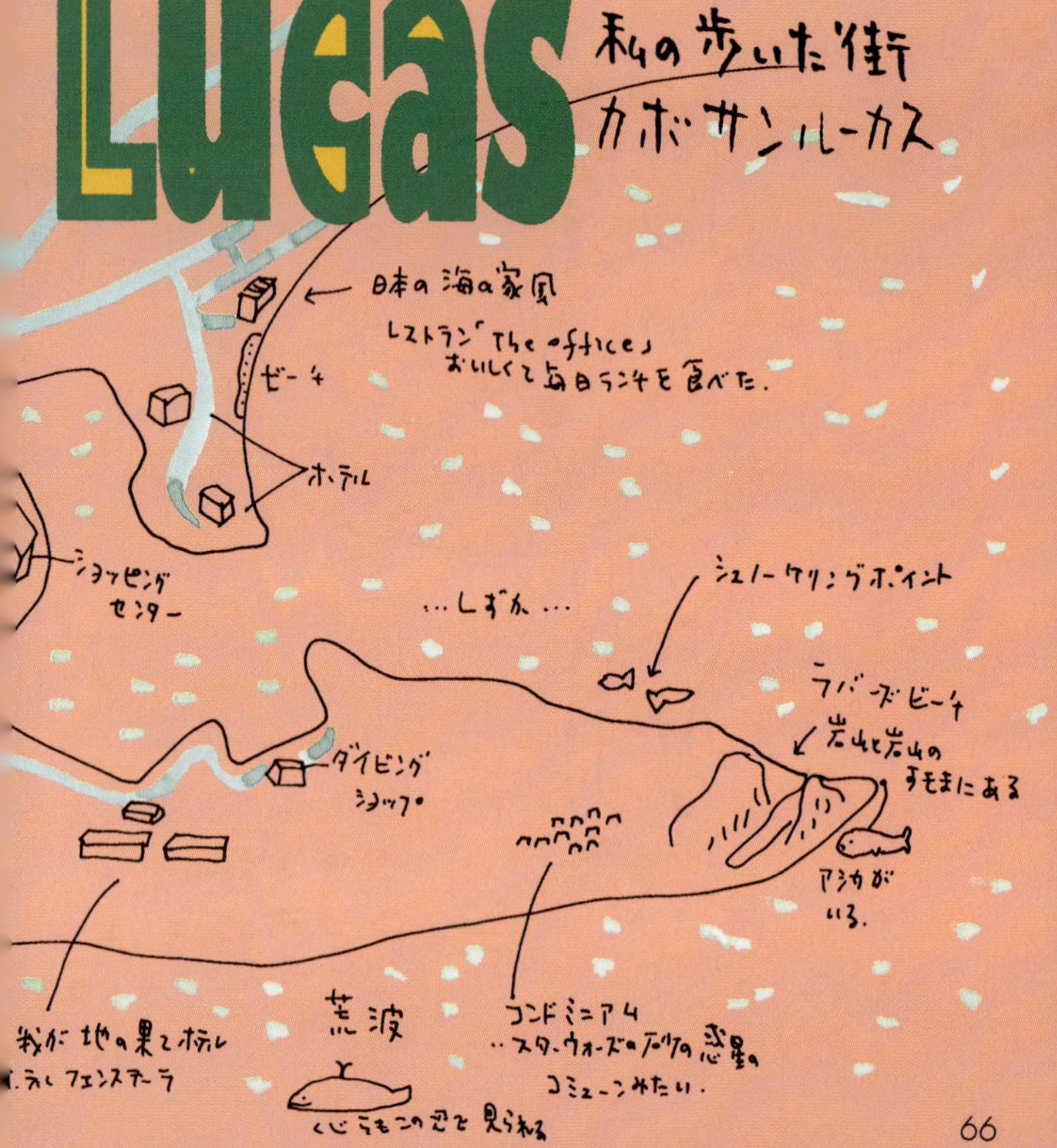

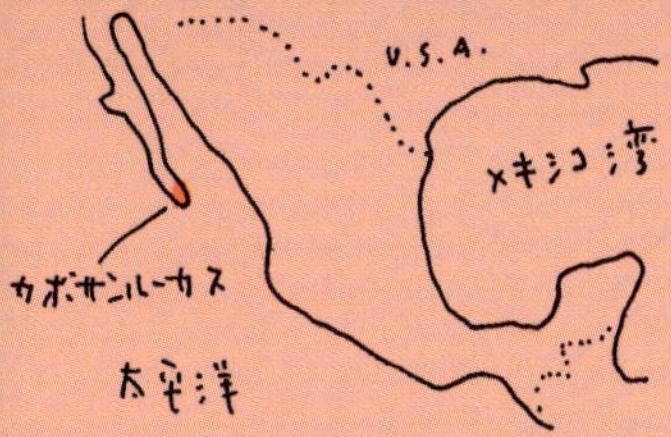

Cabo

町全体が、逆ズーム状態である。
険しい岩山に、切り立った崖。
そこに荒波が容赦なく打ち寄せる。
遠近法をまるで無視したようなその景色の中にたたずんでいると、
「猿の惑星」の世界へ迷い込んでしまったかのような、不思議な感覚におちいる。
この荒涼とした山々では、
仮面ライダーやウルトラマン、そして、ゴジラのシリーズまでも、
立派な特撮のロケができるに違いない。
砂煙のむこうに、ジリジリと照りつける太陽が見える。
海ではアシカや、巨大な海鳥が、
海と戯れる人間たちを、じっと見守っている。
そう、ここは、みんなの楽しいリゾート…なんですよね…え？
それにしても、なんというワイルドなリゾートだろう。
少しでも気を抜くと、
この荒波か、もしくは、
惑星の猿にさらわれてしまいそうだ。
ちょっとすごいぞ、カボ　サン　ルーカス。

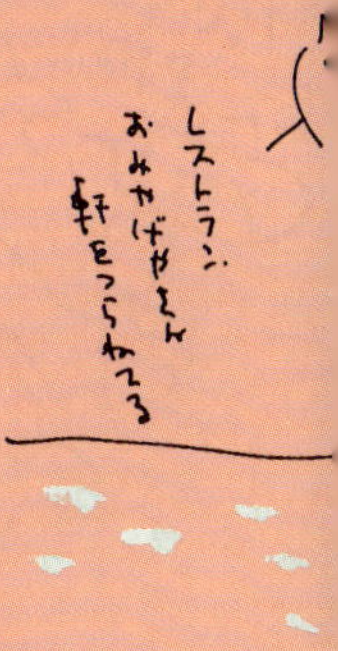

ど、こ、に、アシカがいるってか?
ボート同乗の、
足から血を流しても
ペプシなんて飲んでる
信じられん
欧米国人
yer!

なんだかなあ。クジラが時期はずれで見れないわ、アシカと泳ぐったって、こんな荒波に飛び込むのは自殺行為だし、だいいち、あんな巨大なアシカと泳ぐのはおっかないぞ。あたしは船の上から見てますよ。

12 7'93

ポラを振る人々

ポラで写真を撮ってあげると、皆が皆大喜びです。
黒い面からだんだん浮かびあがってくる自分の顔を
ドキドキしながら待っている姿はほほえましいものです。
でも、どういうわけか、そんな時、メキシコのひとたちは、
パタパタとポラを振ってしまいます。
というのも、あれは暖めるのが本当のところらしいのです。
手と手のしわを合わせて、なむー、というかんじに。
でも、気持ちはわかる。
なんとなく、乾かさなくちゃ・・・・・・って気分になるのであります。
(それとも彼らは冷ましていたのか？)
メキシコの人は、「写真のできたては濡れている」
という、写真の基本がわかっているひとびと
ということでしょうか。ナイス。

顔を隠した女性.
Mexico
青年はみんないい笑顔.
カメラに向かって.
堂々と胸をはる.
レストランの奥から、次々に出てきて
写真におさまった人々
何を首から
さげてんでショ?
みんな
エプロンして

SUPER
Photographer

インスタント写真で緊張がほぐれて、みんないい顔になります。こんなに喜んでもらって、私もうれしい。さあ、みんなでパタパタと振りましょう。

情熱の

ブラジャー

何が面白いかって、マネキン人形である。

　立派な体型と、ニューハーフ風の顔かたち。

　下着そのものよりも、あまりに堂々としたその姿にあっぱれだ。

　そして、まるで押し花のように平べったくなって、ビニールでラップされているパンツたちときたら、どれもこれも
「さあ、さあ、ワタシをはいてちょうだいよっ」と威勢がいい。

　はいてちょうだいよといわれても、あまりにデカくないか、メキシコパンツ。

　セクシー&ラブリーといった小洒落ものはどこにも見あたらない。質実剛健。実質本位。

　ほんとうに、みんな、これをはいていると思っていいのね。ほんとうか、メキシコギャル。

　青春はただ一度だけよっ。

　しかし、そんな軟派な心配をしている私に有無をいわせない不気味な貫禄をたたえたまま、あのマネキン人形は、デカブラ&デカパン姿で私の前に立ちはだかるばかりであった。

何故か下着売場にひかれる私…。
ディスプレイが堂々としていいネェ。ホントカ?

メキシコの器は概しておおざっぱ。

この器を買った店も、かなりおおざっぱな品を、おおざっぱなディスプレイで展開しておりました。なんだか、まるで高校の陶芸部の部室におじゃましたような、そんな気やすい雰囲気なのです。

しかし、おおざっぱながら、そのどれもがひとの温もりを感じさせるものばかりです。鼻のもげそうなマリア様の壁かけも、ひんまがった灰皿も、いかにもひとの手によって造られたものなんだな、というかんじです。接客してくれたちびっこたちも、きっとこの中の何かの作品を制作しているはずです。みんなで真面目に焼いています。

不格好だけどあったかいのがメキシコの器です。だから足つきの器の足がもげても、文句を言わずにアロンアルファでくっつけて、末永く可愛がってあげましょう。

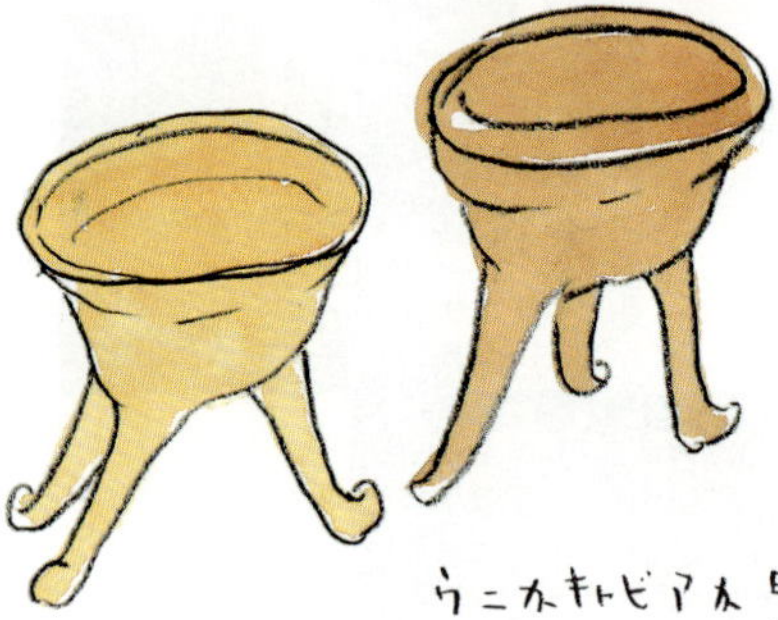

うにかキャビアか明太子
を入れたらいいかな?
なんだかワカンないけど、
かわいいから買ってみた。
手の平にのっかるチビちゃん。

行かねばの市場

食べものは色がきれいだけど
持って帰れないのがくやしい。
立ち喰いしたパンはどれもバカウマ。
どうしても目がいってしまうのは、雑貨関係。
きれいな色のアミバッグや、
妙なプラスチックのおもちゃ。そして謎の薬。
食器もチープで楽しい。パンツも。
どこもすごい量の野菜や
果物などを積みあげていたけれど、
全部はけるのだろうか。心配。
とにかく、市場に行かずして、旅は語れまい。
どこもお祭りみたいで楽しいぞ。

BANANAS

市場のジュース売りの
おばさんは、氷で
冷やして今仕込み中。
ちとあやしいので
いただくのは控えた

こっちの方では、
プラスチックのバケツとか売ってる。

見るだけでフハフハ辛そうです。種類もいろいろあるみたいですね。

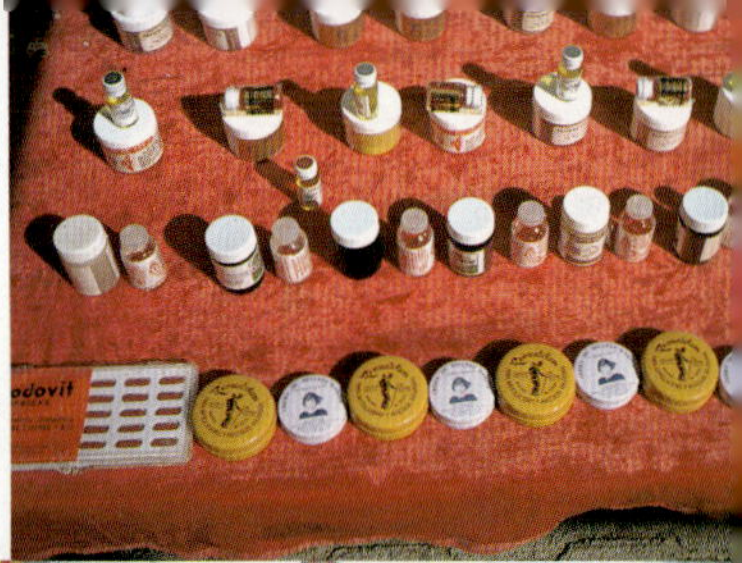

なんの薬でしょう。怪しすぎる。

写真を撮られるの、嫌がる人も多かったけど、協力的なおばさんでした。

そのままボリボリ齧《かじ》りたい野菜たち。

陶器屋さんにて。素焼きのマリア様。

どうやって買い求めたらいいんだっ。迫力のお肉屋さん。

どうせ買うなら、このくらい揃えたい。おもちゃ屋さん？

市場には老若男女、出かけてきては
おしゃべりしてて、楽しそう…

鳥を丸のまま買って帰る
男の人
白髪まじりの
おさげがかわいい
おばあさん
色とりどりの
布がかけてある
市場
手前はプラバケツ

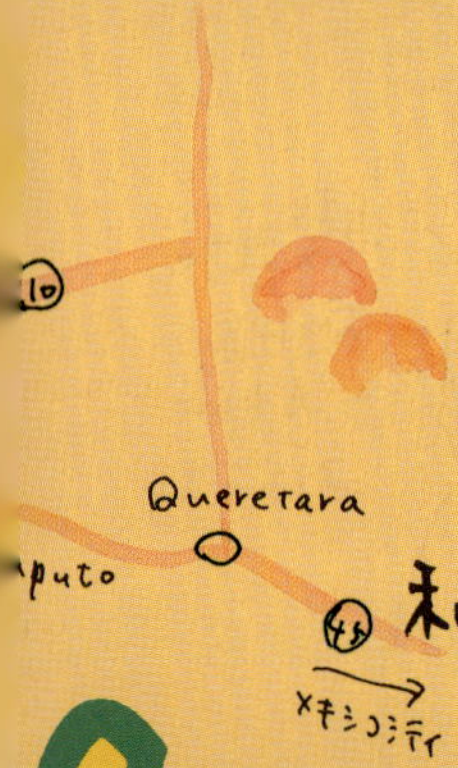

私の歩いた街 グアダラハラ

Guadalajara

グアダラハラは都会である。

車がビュンビュン走り、近代的な建物が建ち並び、デパートも大繁盛だ。

そして、美人の産地とうたわれるとおり、道ゆく女性たちは、よりどりみどりのべっぴんさん揃いである。「スエヒロ」のウエイトレスのラテンな着物の着こなしもなかなか決まっていたぞ。

街角にはダンキンドーナツや、ケンタッキーフライドチキンの看板も華々しく、夜遅くまでやっているコンビニまである。

しかし、その街からちょっと離れた郊外へいくと、とても楽しいマーケットがたくさん開かれていて、どこも初詣状態の混み具合だ。

マリアッチも聴きたいし、ルチャ・リブレも見なくっちゃ。

あまりにも欲張りすぎて、超ダッシュで駆け抜けてしまったグアダラハラ。

一日じゃたりないよ、

どう考えても。

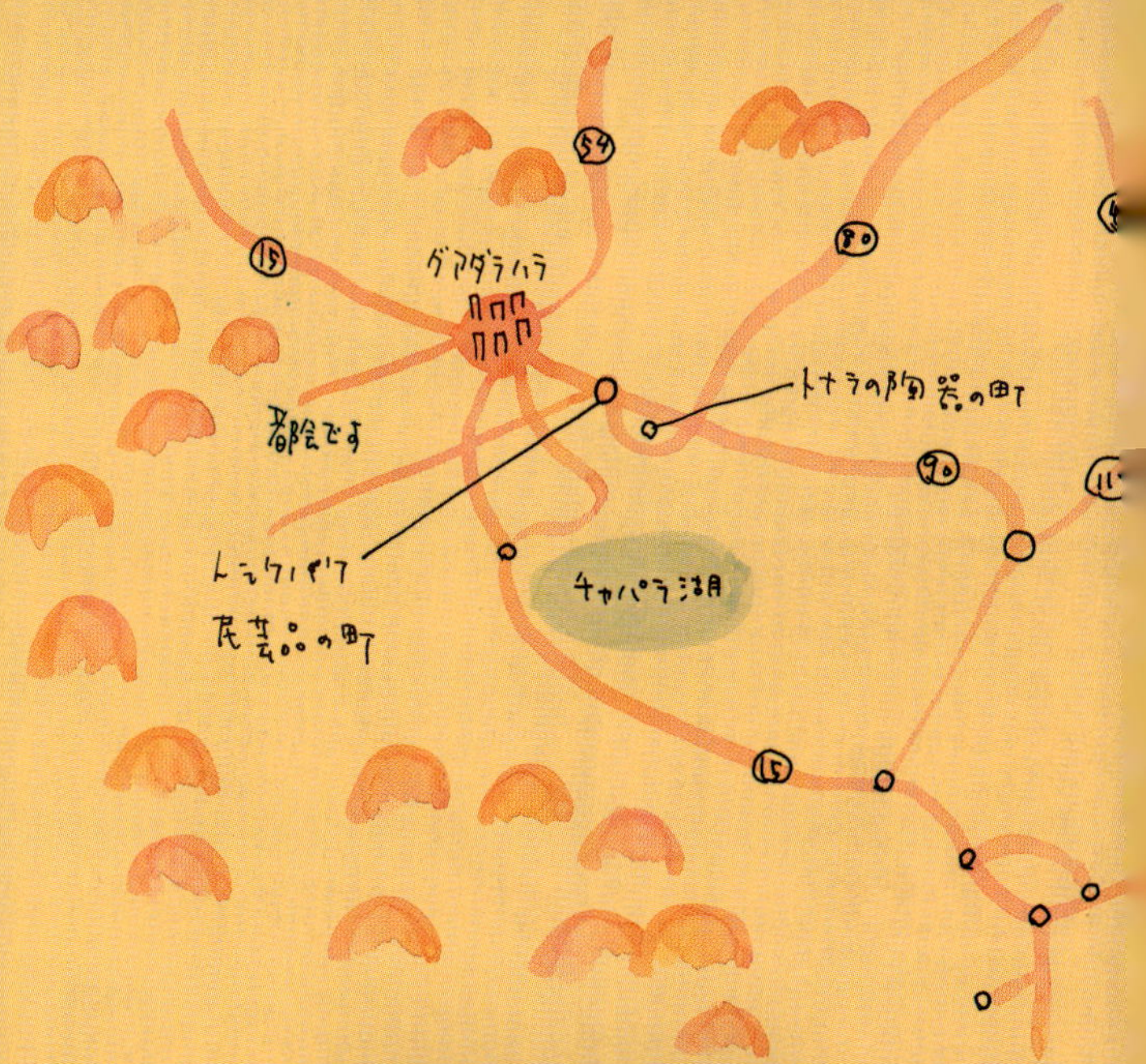

グアダラハラ
都会です
トナラの陶器の町
トラケパケ
民芸品の町
チャパラ湖
54
15
80
90
15

日曜は、
ジジもババもチビッコも
みんなでマリアッチ。

市場の店番は みんな女と子供。
男の人は 何してるのかしら…？

IMPRENTA
SU CAZA
OFF SET
IMPRENTA AUTORIZADA
POR LA
Cantarito

MIRINDA
7UP

試合中以外、リングは
まるで キッズ・パラダイス

マスクも売ってるヨーン。

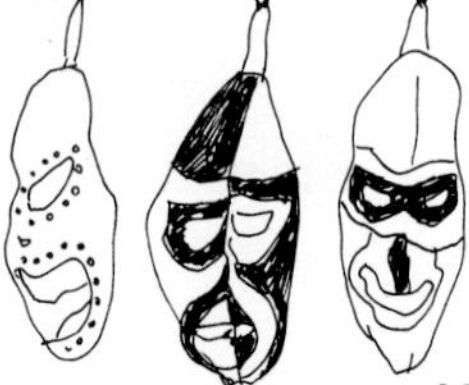

緊張感まるでナシ。
ウルトラフランク・レスリングだっ。

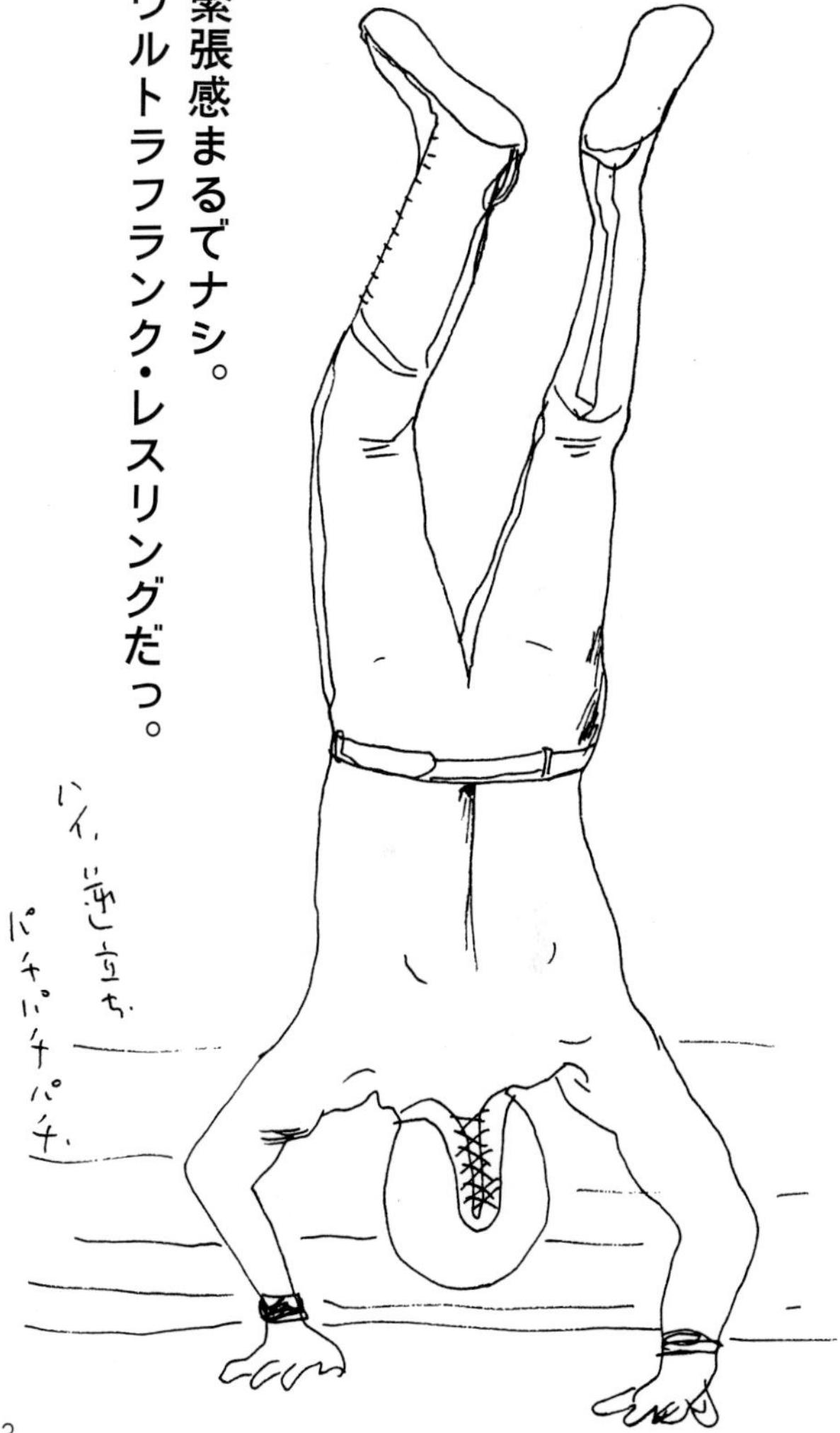
いい逆立ち
パチパチパチ

メキシコのジジ&ババ

メキシコのジジ・ババは、形相がおっかない。何か怒っているみたいだ。
でも、ほんとに何か怒っているのかどうか、
話をしたわけではないのでわからない。
よくいえば、渋い。ニヒル（死語）、クールといったところか。
でも、市場にいたおばあちゃんたちは、怖い顔して、
その実、妙に笑い上戸だったりしておちゃめだった。
男のひとよりも女のひとの方がたくましい。たよりになりそう。肝っ玉ばあちゃん風。

買い物してた女性は
とってもおしゃれだった。

何してるのかナ. 街角にちょこんと座ってた

おじいさん

市場で果物を売ってたおばあさん

マーケットに夫婦で買い物。仲良し。

おばちゃん、ボったね…。

貫禄のたたずまい。
でも笑うと可愛い。

マリアッチ好きのじいちゃん。日曜日。

全然欲しいと思わない、むしろ、お土産にもらって本当にうれしくないのが、謎の民芸人形モノです。

　犬やキリンがどこにも継ぎのない一本の木からできているんです、と自慢されても、はあ、それはそれは、と相づちをうつしかないのであります。

　しかし、それにしてもマヌケなこの民芸人形モノたちは、避けても避けても私の目の前に現れます。「そんなに嫌わないでくだせー」と。それでも好きになれないのはしょうがない。民芸人形さん、ゴメンナサイ。

　それでもちょっと気をひかれたのは、ガイコツもの。これは面白い。等身大の木のガイコツ人形やら、ガイコツ大工、ガイコツダンサー、ガイコツミュージシャンにガイコツカメラマン。エグさの中に笑えるものがあります。ん！　でもやはり、持って帰りたいとは思えない。民芸人形さんゴメンナサイ。

オアハカ人形
木製の美しい
彩色がされた
おもしろいヤツ

メキシコのちびっこたち

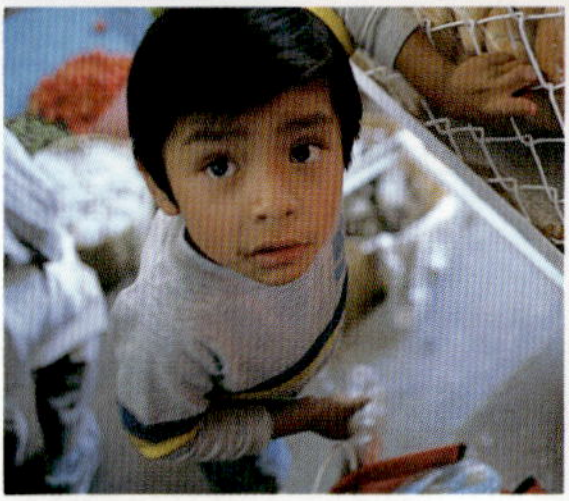

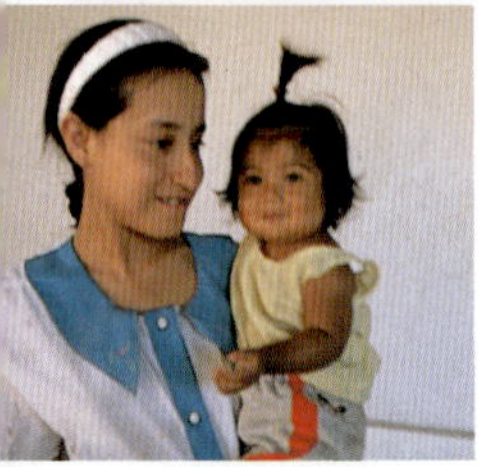

そういえば目のちっこい子供は
ひとりも見かけなかった。
汚い子供も小ぎれいな子供も
皆、目が印象的だった。
謎の東洋人に興味津々で、
ポラロイドで撮ってあげると
ものすごく盛りあがってくれてた。
みんな、よく遊び、よく働いていたね。
エライ、エライ。

MEXICOの
少年たちは
いい表情するんだヨえ
大切そうに
持っているのは
ナァニ?

君たちは踊ってくれたネ
夕方で、もう影が
長かったんだヨネ。

家の床に座って
工作してた
美人候補

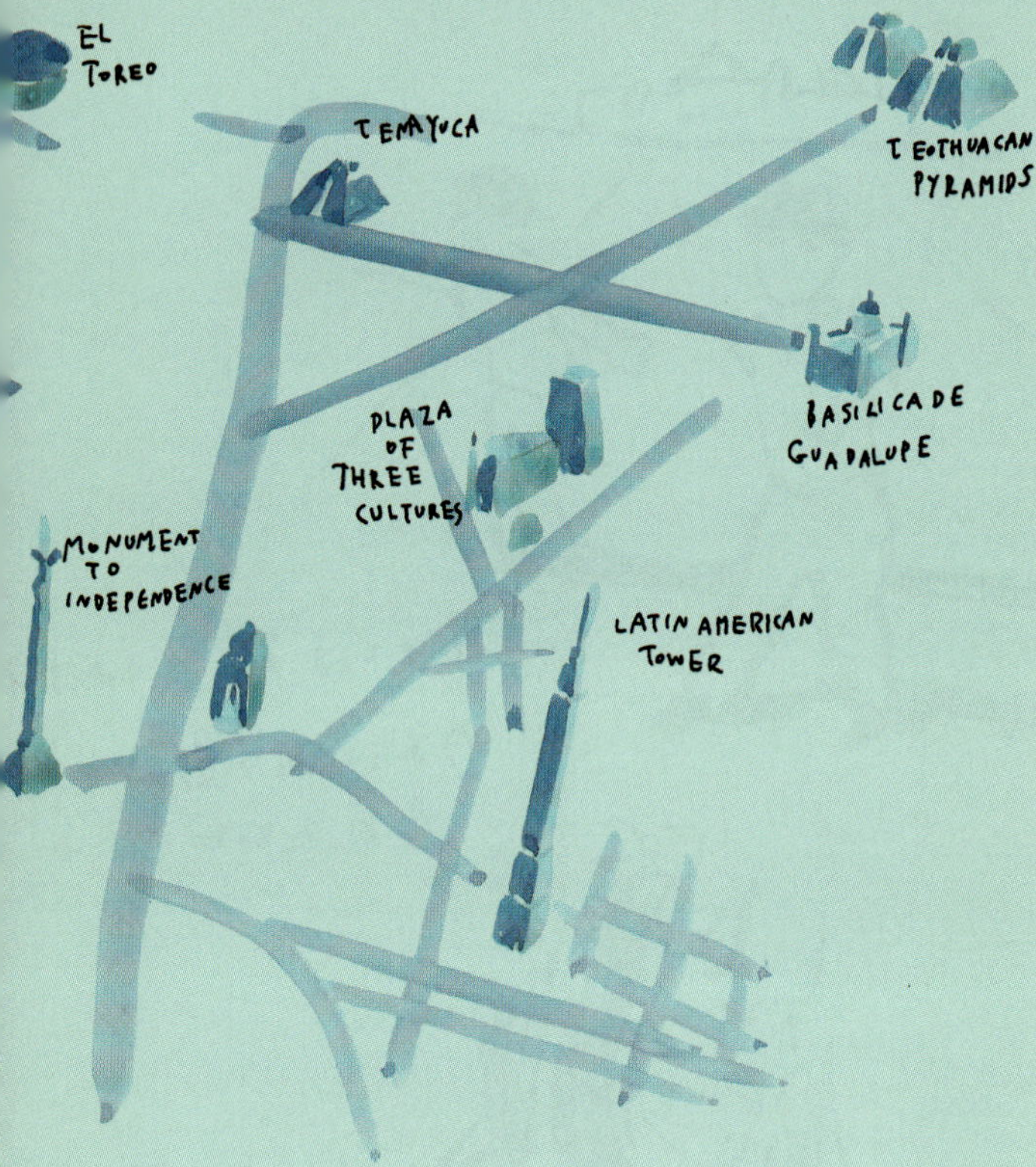
EL TOREO
TEMAYUCA
TEOTHUACAN PYRAMIDS
BASILICA DE GUADALUPE
PLAZA OF THREE CULTURES
MONUMENT TO INDEPENDENCE
LATIN AMERICAN TOWER

私の歩いた街 メキシコシティ

Mexico D.F.

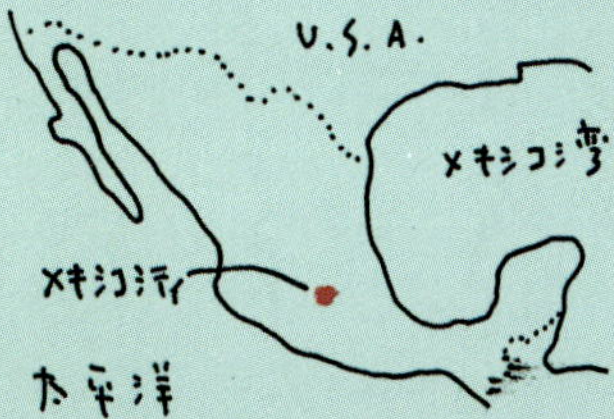

「メキシコシティに住め」
といわれたら、死ぬかもしれない。
「何が何でも住むんだ。わかったかっ」といわれて、
無理矢理住んでも、きっと、そのうち死ぬだろう。
メキシコシティは、街全体が環七状態だ。
絶対的に耐えられない排気ガスの街である。
ひとびとは、よくその中でごはんを食べたり、仕事をしたり、
遊んだり、愛を語ったりできるものだ。感心感心。
きっと、メキシコシティの住人は、
火のついたタバコを口いっぱいにつめ込んで、
いっきに吸わせてもびくともしない、
ギネス級の丈夫な肺を
持ちあわせているか、
「東大一直線」の東大とおるのように
伸びまくった鼻毛が
見事なフィルターをつくっているかの
どちらかに違いない。
私はほとんど発狂寸前だった。
誰かなんとかしてくれい。

いつも何故か夜と早朝しか
いない メキシコシティ。
シャトルバスの外は、ほれ、真っ暗。

この鉄板焼きは……
あ、レストラン東京でした。

テキーラやメスカルは重いし、陶器もかさばるし、民芸品は嫌いだし、とくると残されたものは限られてきます。

小さくて軽いもの…。

ドメスティックなCDなどはどうでしょう。お店で、メキシコで流行ってる歌手のものを薦めてもらうのです。と、そうして選んだCDは友達には不評。申し訳ない…。でも自分用の、昔の「ロス・ダンディズ」のCDはとてもよかった。当たりハズレは覚悟の上で、CDの土産、面白いと思います。

それから、ひとつ、ものすごく欲しくて探しているものがありました。それは、タイルです。もう、レストランやホテルのトイレにあしらわれているタイルの素朴で美しいこと。でも不思議なことに、そんなものを売っている店がどこにもないのです。ガイドさんに聞いてもわからないというし…。何故？　どうして？　それで日本に帰ってみると、そういうタイルが小洒落た店で売られてたりするのが許せない。バリバリのメイド・イン・メヒコで。一体どういうこと？

カップとソーサーが
くっついている
オモシロイ焼き物。
釉薬の色が、
日本のものにも
サも似たり…。

参った！メキシカンホテルズ

フィエスタ・アメリカーナ・レフォルマ

アメリカーナというだけあって、とてもアメリカチックなホテル。

テーブルに置かれたウェルカムフルーツはありがたかったけれど、さわると、妙にやわらかく、いつのものだかわからないので手をつけなかった。クッキーはＯＫでした。

マド
箱なのヨ
BED
TV
冷
クローゼット
トイレ
バス

空港
窓
BED
TV
ふつうの部屋ね
冷
BATH
トイレ
洗面

フィエスタ・アメリカーナ・エアポート

空港からすぐというのだけが利点。部屋の中にまで排気ガスがはいってくる。ゲボッ。

メリダ　ホテルの名は…？ 忘れた。ゴメン。

天井と壁がれんがでひと続き。
天井がれんがというのは
いつ落っこちてくるかわからないので、
落ちつかない。
エレベーターなしの２階建て。
エアコンはばかがつくほどボロい。うるさい。
シャワーがちょぼぬる。
風通しをよくしようと思うと、
廊下側の窓を開けねばならず、
道ゆくひとに部屋の中丸見え。
中庭に、プール。しかし水がまっ白。誰も泳がず。
飼育小屋のような、動物園がある。
さる、しか、ねずみ、とり。TV Telなし。

クジャクの羽状に
折られたロールペーパー。
Hee!
← 外付けエアコン!
シャワー
トイレ
水もれ!
クローゼット
ドシ…
マド
ベンチ
通路

カーテンつきバス
トイレ
冷
洗面
リゾートネ.
TV
ベッド
バルコニー

フィエスタ・アメリカーナ・コンデッサ

着くと、リゾートらしく、ウェルカムシャンパン。
日本人好みのおしぼりサービスがあるのには笑った。
回廊になっている。
メリダから比べると、充実しきった部屋である。
備えつけの、シャンプーなどの
(なんていうの、そういうの)
可愛さにうっとり。イギリス製。
窓からは海が見えてよい。
プールサイドのコーヒーは塩味。
のむなら、中庭のテラスのコーヒーをすすめます。

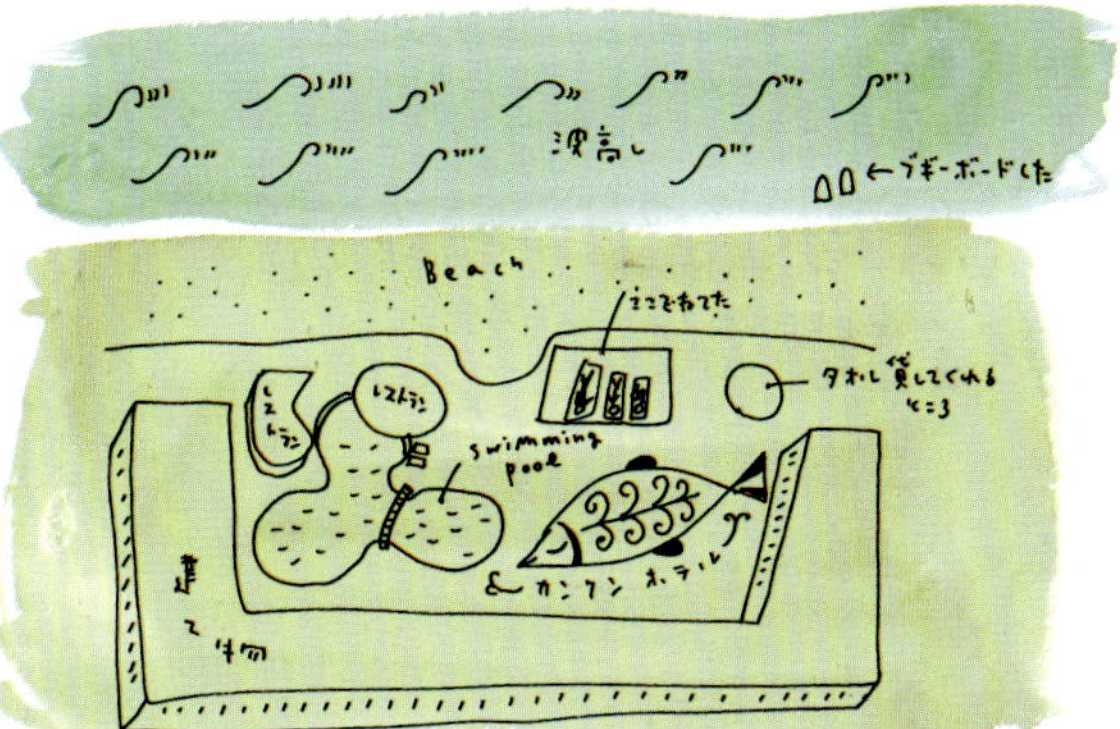

ホテル プレジデンテ

いいホテルです。昔、修道院。
部屋の大きさも４段階。
いろんな型の部屋があるらしい。
天井がすごく高く、可愛らしい部屋です。
バスルームや、洗面所のタイルがとても可愛い。
中庭も手入れがよくいきとどき、小ぢんまりとしたプールがある。
廊下の素焼きのタイルには、
カラスや犬や、猫の足跡があってほほえましい。
レストランでは、トリオの演奏が聞けます。
１階のトイレのタイルも可愛い。
かわいい、かわいいばっかりでスンマセン。
朝ごはんのブッフェは、
昔のキッチンに食べ物が並べられてて、楽しい。

マド
机
掃除のしがいアリ!
TV
バスルーム
洗面
クローゼット
入口

ホテル・フィニステーラ

猿の惑星。崖っぷちに立つ恐怖のホテル。窓からは迫力の海が見える。
テラスにでれば、彼方に謎の要塞が見える。
「ウェールウォッチングバー」はおもいっきり崖からとびでた肝だめしバーです。

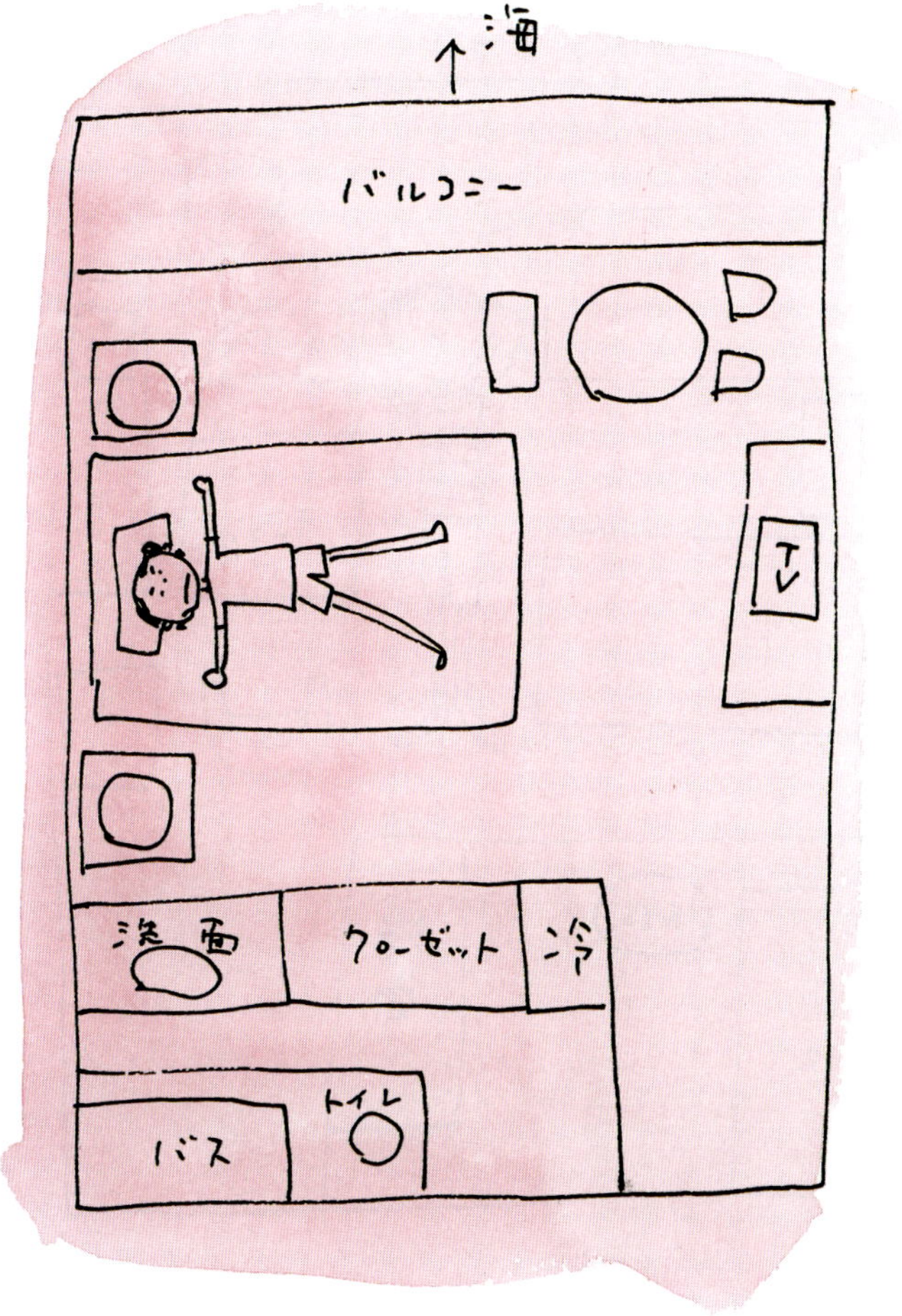

海
バルコニー
TV
洗面
クローゼット
冷
トイレ
バス

マド
How's going?
TV
テーブル
トイレ
洗面
バス

キンタリアル

名前がイカす。受け付けの女性が美人。

これも小ぢんまりしたいいホテル。

風呂がとてもラブリー。

シャワーカーテンがフリフリ。

体を洗うスポンジが気持ちいい。

部屋の色のトーンがちと渋すぎか。

陶器にも、まったくピンからキリまであるようです。

　オアハカ郊外に高校の陶芸部のようなお店もあれば、グアダラハラのちょっとはずれにあるトナラという街に伝統のあるお店もあります。

　トナラのこの店は、もう、他の店に比べたら高級も高級、作家先生級の高級加減です。なんでも、古くから家族だけでやっているそうで、器の裏に記されたサインにも伝統の香りがぷんぷんです。なるほど、細い筆で細かく描かれた模様はなかなか手が込んでいます。

　そこでマグカップをいくつかと、可愛いシリーズもののボウル4つを購入。欲しいと思ったものは、かさばっても買ってしまうところが私の根性のあるところです。

　それにしても中庭に干してあった風にはためく家族のパンツが微笑ましい。家族で頑張ってるカンジがひしひしとつたわってくる心暖まる光景でした（しみじみ）。

こっちは
強ーいお酒
メスカル（イモ虫入り）
を飲む為
のもの

旅の持ち物

今回の→持ち物
シュノーケル、ゴーグル
&ブーツ
お金
下着&衣類
水晶玉
日本のお土産
手拭
割箸
扇子
お江戸玩具セット
御手拭
玩具

帽子
サングラス
目覚し時計
化粧品
旅券
PASSPORT
洗面具
Tooth PASte
折りたたみカサ

本
ソロモンの指環
＜全然読まなかった…
Stud
スタジオ・ボイス
カメラ 3台 + フィルム
ホーロー中国製マグカップ
茶
ほうじ
煎茶
ほうじ茶
うめぼし

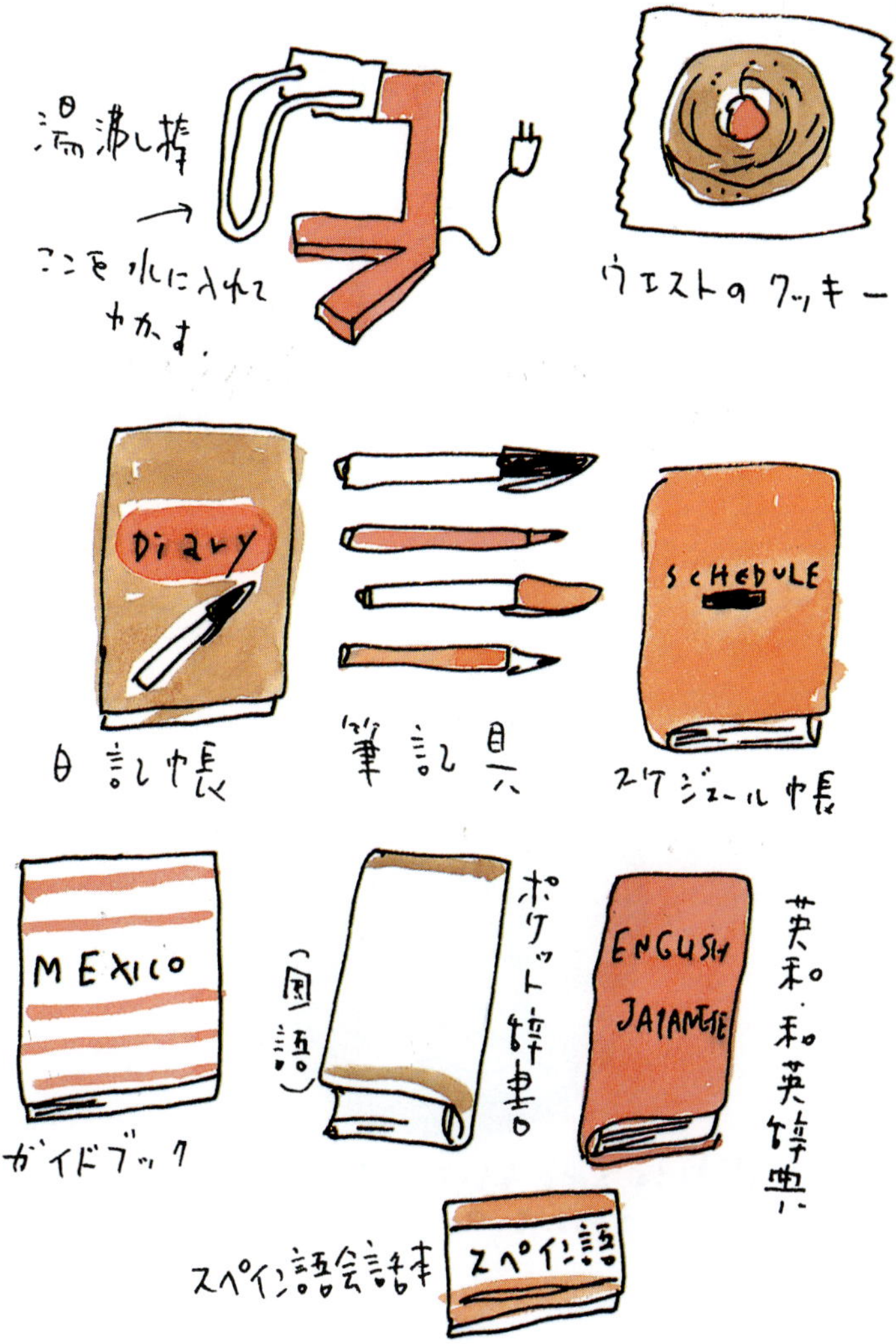
湯沸し棒
ここを水に入れてわかす。
ウエストのクッキー
DIARY
日記帳
筆記具
SCHEDULE
スケジュール帳
MEXICO
ガイドブック
(国語)
ポケット辞書
ENGLISH
JAPANESE
英和・和英辞典
スペイン語
スペイン語会話本

どこの国へ行っても、一番大好きな場所は、スーパーマーケットです。ただのマーケットでなく、上にスーパーが付かなくてはだめです。

ああ、楽しいスーパーマーケット。

どんどん買物カゴがいっぱいになってきます。歯みがき粉にボディシャンプー、マッチにほうき。知らないうちにお鍋まで買物カゴに入っています。

それにしたって、このニベア缶の可愛さったらどうしたものでしょう。すごく大きかったので、ひとつがかなりの重さでしたが春夏秋冬全部揃えずにはいられませんでした。ただ、中味といえば、日本の品質より明らかに悪し。**ベットリ**。こんなのを全身に塗ってしまったら、〝金粉ショー〟で熱演しすぎて毛穴をつまらせて死んじゃうダンサーと同じ運命をたどってしまうでしょう。くわばらくわばら。

それにしても心安らぐスーパーマーケット。どうにもとまらないっ。

感動！の ニベア 4シーズンCAN！
これは、その中の SUMMER 〜

私のオダッキー・フォト

今の世の中、誰もかれもカッチョいい写真を撮っては、いろいろ語る時代ですが、私は特に語るものはありません。
ただ、おもしろい時、楽しい時、その瞬間をまた自分だけで楽しみたいな、という気持ちだけで写真を撮っているだけであります。
だからひとが見たら、ほんとにつまんないものばかりだと思います。犬のウンチまで撮ってしまいます。

でも、そのつまらない写真をひとりでこっそり見る時、その時の暑さや、匂いや、淋しさや、楽しさが、自分の中で見事によみがえってくるのがたまらなくて、やめられません。

ばかばかしい写真ほど、楽しい。

でも、あんまりひとには見せられない（エッチなのはないよ）。

超個人的楽しみ、それが写真であります。

窓辺に歯ブラシとボウル。

家の壁にも立派な収納棚。ヒマワリの種からボロきれまで。

これまたプロレスラーのものか!?
ニセ物っぽいTシャツ。

街のレストランの厨房。

グリコのおまけもどきのおもちゃ屋さん。made in CHINA?

なんか飾り物。謎の4人組。

制服姿がイカしてるおまわりさん。

これは聖ドミンゴ教会の廊下の壁。

お昼を食べたレストランの中庭。堂々と鎮座する木の犬（に見える）。

なかなか見かけなかった猫。貴重な1枚であります。

RESTAURANTE BAR

ルチャ・リブレの会場に売っていたマスク。カッチョイイ!! 私も買いました。

TVの中のアミーゴ。昔の映画。

ひと粒で、効きめ爆発。ダイナマイト!!
怪しい食べ物には怪しい薬を、というのでこの薬。五円玉の穴位の大きさで、どんな腹痛もピタリと止める。劇薬といっても、薬会社の人は何も文句が言えまいぞ。

さて、自慢ですが、私はメキシコで一度もゲリピーになりませんでした。これはかなり凄いことらしい。そんな私のお勧めじゃ、納得いかないかもしれませんが、旅の道連れの者は、この偉力に絶句しておりました。

どう、試してみる?

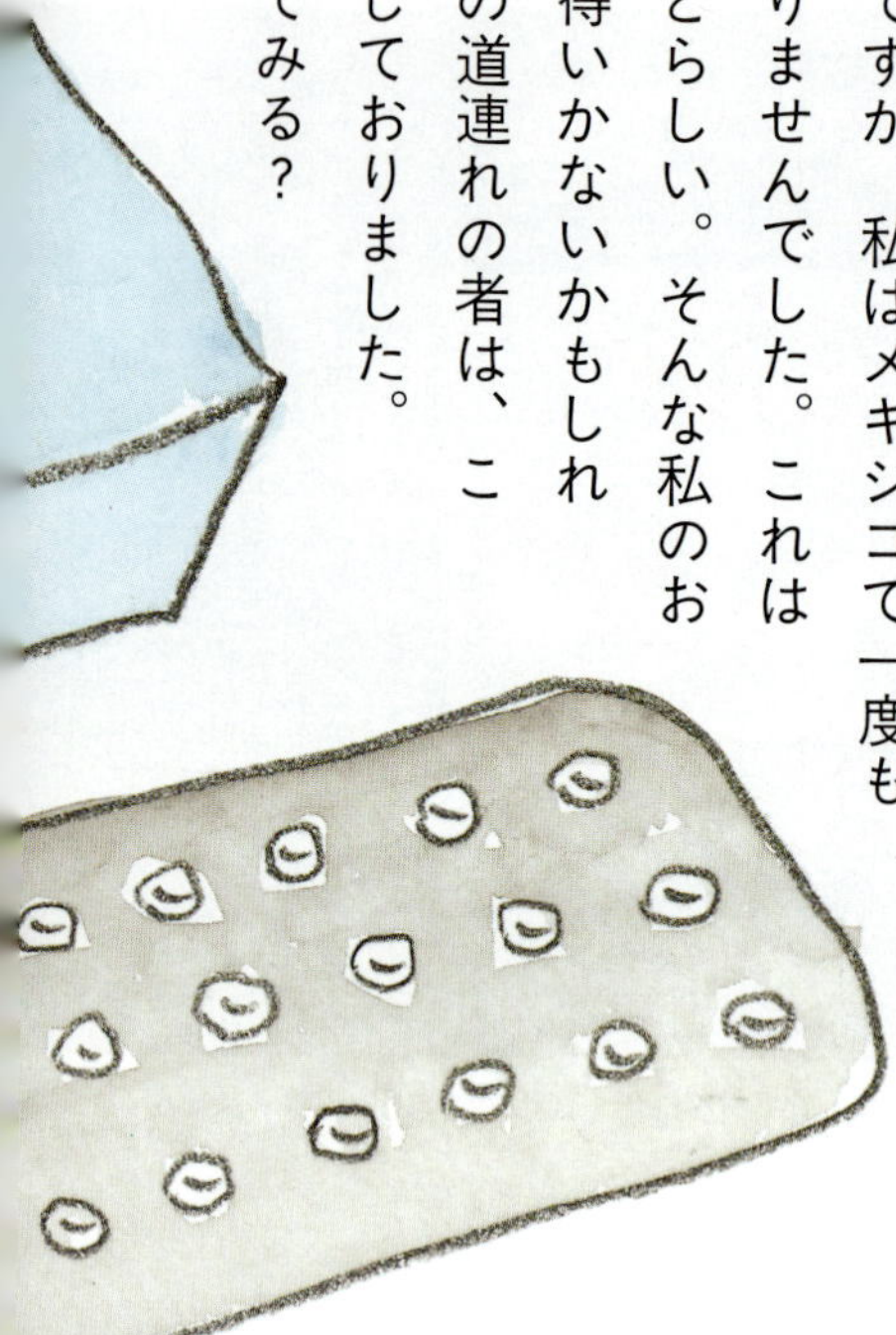

ロモティルの夜

まずは、使用上の注意をよく読んでお使い下さい。ピンポーン。

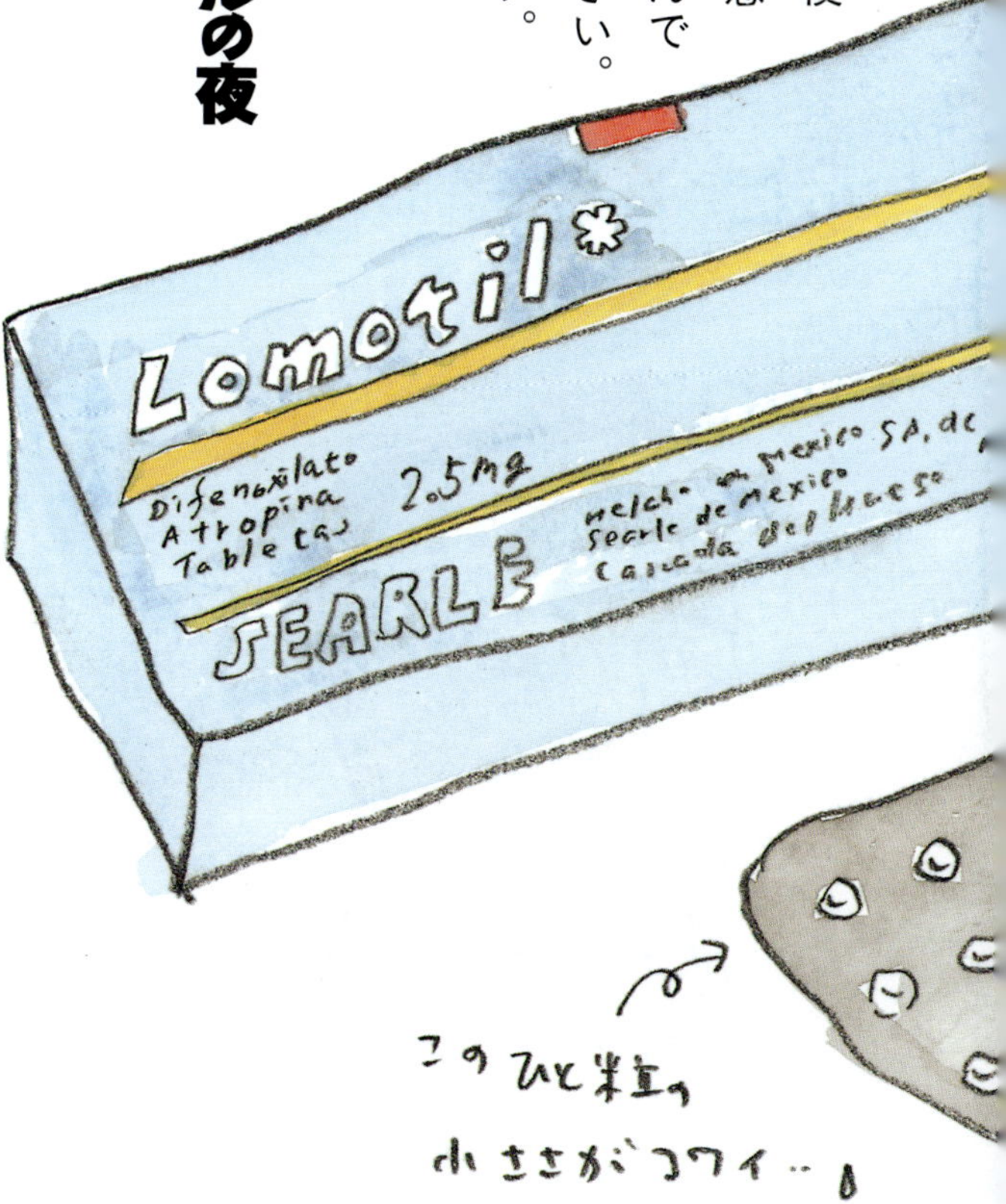

2人のエル

ブラジルのセルジオ、フランスのクロード、日本の太郎のように、メキシコではエルネストなのかしら。ふたりのエルがいました。バリバリのヤンエグと

いった感じのオアハカのエル。真面目な医学生で年寄りに優しかったグアダラハラのエル。ふたりともとてもハンサム。こんなナイス・ガイにガイドしてもらって申し訳ない。見とれて、全然聞いちゃいなかったよ。

ウノ・セルベッサ・ポルファボール

メキシコビールの飲み方
くし形カットのライムが山盛りになってくる。
黒ビールみたいで、濃いのです。

ライムに塩のないセルベッサなんて……。

違いのわかるアミーゴたちの真似をして、ビンものだろうがカンものだろうがおかまいなしに、じゃんじゃか塩を振りまくる。

こんなにライムと塩が合うのなら、はじめから入れとけばいいのに、というとんでもない提案は、やはり、セルベッサについて語る資格のない下戸の私の言うところであります。

あの手間もお楽しみということでしょうか。

あれがやりたくて、つい注文しても、ふた口いったあたりで赤くなってしまうのが悲しい。しかしクラブソーダじゃつまらん。やはり、セルベッサで決めたい。

ネグラモデーロ

おなじみ、ビンのコロナ。

メキシコの代表選手
テカテ。
飛行機の中でも売ってる。

日本で人気のコロナ。
カンは珍しい。

現地の人は、
コロナよりも好き(?)
ハクサイ社長もお気に入り♪

2つのX。ドス・エキス。

この他に、カボサンルーカスでのんだ

パシフィコというのも、カルくてうまかった！

あとがき

どう見ても、個人的旅の手帳、といった自己満足本である。

これからメキシコへ行こうとしているひと、なんの参考にもならなくてゴメンナサイ。

しかし、そもそも旅というものは(エヘン)誰のためでもなく、自分の楽しみのためのものなので、そういう意味では、このしめ方はまさに、理想的な旅の終わり方である。やったー。

サボテンのおならのように中味のない本で

すが、メキシコの中味は、どうぞ、自分の目で足で、確かめて下さい。
多忙を極めていらしたのに、快くイラストをひき受けてくださった平野さん、本当にありがとうございました。平野さんなしでは、この本はありえませんでした。そして、留守中、私の愛猫をあずかってくれた青木弟、感謝してます。ありがとう。本、できました。

'94年8月　小林聡美

取材協力

シャシャコーポレイション
日本航空
メキシコ政府観光局

この作品は一九九四年八月扶桑社文庫より刊行されたものです。

幻冬舎文庫

●好評既刊
ほげらばり～メキシコ旅行記
小林聡美

気軽な気持ちで出掛けたメキシコ初旅行。しかし、待っていたのは修業のような苛酷な16日間……。体力と気力の限界に挑戦した旅を描いた、書くは涙、読むは爆笑の、傑作紀行エッセイ。

●好評既刊
凜々乙女
小林聡美

「人間は思い込みだ」と胸に秘め、つつましくもドタバタな毎日を駆け抜ける――。パスポート紛失事件、男性ヌード・ショウ初体験etc.カラッと明るく、元気が出てくるエッセイ集。

●好評既刊
東京100発ガール
小林聡美

酸いも甘いもかみ分けた、立派な大人、のはずの三十歳だけど、なぜか笑えることが続出。彼の誕生日に花ドロボーになり、新品のスニーカーで犬のウンコを踏みしだく……。独身最後の気ままな日々。

●好評既刊
案じるより団子汁
小林聡美

「いいの？　こんなんで」。謎のベールに包まれた個性派女優の私生活をここに初公開!?　自称口べたなのにもう誰にも止められない、抱腹絶倒の早口喋りが一冊に。群ようこ氏らとの対談も収録。

●好評既刊
マダム小林の優雅な生活
小林聡美

結婚生活も三年目に突入したマダム小林。家事全般をひきうけながらも、一歩外に出れば女優という職業婦人である。そんなマダム小林の日常は、慎ましやかだけど、なぜだか笑える事件続出！

サボテンのおなら

小林聡美《こばやしさとみ》・文　平野恵理子《ひらのえりこ》・絵

平成15年8月5日　初版発行

発行者――見城徹
発行所――株式会社幻冬舎
〒151-0051東京都渋谷区千駄ヶ谷4-9-7
電話　03(5411)6222(営業)
　　　03(5411)6211(編集)
振替00120-8-767643

印刷・製本―図書印刷株式会社

装丁者――高橋雅之

幻冬舎文庫

ISBN4-344-40401-7　C0195　こ-1-7